きちんとした
［文書］と［メール］
完全速習ガイド

永山嘉昭
ビジネスコミュニケーションスキル研究所代表

日経BP社

# まえがき

　仕事のための文書作成には、3つの基本があります。

　1つ目は、わかりやすい文章を書くことです。「誤解されない文章」によって、きちんと言いたいことを伝える。これは、文書によるコミュニケーションの最低条件です。「うまい文章」を書こうとする必要はありません。箇条書きなどのテクニックを使えば、誰でもわかりやすい文章が書けるようになります。

　2つ目は、「こうしてほしい」という、こちらの意図を読み手が理解し、アクションをとってくれるようにすることです。どんなにわかりやすい文章を書いたとしても、スルーされてしまったら意味がありません。読み手の行動を促す書き方が必要です。これも、書き方のちょっとしたコツで効果が上がります。

　3つ目は、速く書くことです。どんなに質の高い文書を書き上げたとしても、それが「締め切り」に遅れてしまったら、やはり意味がありません。スピーディーに書いて、タイミングを逃さずに相手に届ける必要があります。悩まずに書き進めるためには、文書のフレームワークを使うことなどが効果的です。

　この3つの基本は、報告書や企画書などの社内文書、社内外とやり取りするメール、取引先への提案書など、すべてのビジネス文書に共通します。本書では、この3つの基本に沿って、きちんとコミュニケーションが取れる文書を作成するための必修ポイントを具体的に解説します。

2019年1月

永山嘉昭

まえがき 1
**書き始める前のルール** 6

# Part 1
# わかりやすく書く

### Chapter 1
## 文章のわかりにくさを解決する ……… 10

- 1.1 わかりやすさに影響する文章表現とは　10
- 1.2 複数の意味にとれる書き方をしない　15
- 1.3 文の長さと構造に注意する　21
- 1.4 長すぎる文は分割する　24

### Chapter 2
## 読みやすく整える ……… 28

- 2.1 見出しをつける　28
- 2.2 小見出しをつける　31
- 2.3 概要やリードをつける　37
- 2.4 段落を効果的に使う　39
- 2.5 記号や数字を使う　41
- 2.6 図表を活用する　43
- 2.7 添付資料や補足説明をつける　46
- 2.8 コンテキストを考えて文章量を減らす　50

### Chapter 3
# 箇条書きを活用する ……… 52

**3.1** 箇条書きで伝達効率を高める　52
**3.2** 箇条書きのパターンを使いこなす　56

# Part 2
# 読み手のアクションを促す

### Chapter 4
# スルーされないようにする ……… 68

**4.1** 読み手に配慮する　68
**4.2** 読み手を考えることで書き方が変わる　72

### Chapter 5
# メールのやり取りを効率化する ……… 75

**5.1** メールの書き方の鉄則　75
**5.2** メールをすばやく書く　86
**5.3** 読み手が対処しやすいように書く　95
**5.4** メールのやり取りを減らす　111

Part **3**

# 速く書く

### Chapter 6
## 無駄がない文章を目指す……116

- 6.1 求められている日本語は何か　116
- 6.2 生産性の視点を持つ　118
- 6.3 「てにをは」に時間をかけない　121

### Chapter 7
## 文書の大事な3要素を知る……124

- 7.1 文書を形成している3要素がある　124
- 7.2 文書を書くときに必要な3つの要素がある　128
- 7.3 高速で文書を仕上げるコツとは　130

### Chapter 8
## 構成のフレームワークを活用する……132

- 8.1 文書には基本のフレームワークがある　132
- 8.2 文書の種類ごとのフレームワークもある　144

### Chapter 9
## 記載項目はほぼ決まっている……155

- 9.1 文書の種類ごとの記載項目　155
- 9.2 記載項目がわからない場合の対処方法　165

**Chapter 10**

# 文書にはフォーマットがある ............ 173

**10.1** 定着したフォーマットを使う　173
**10.2** スタイルガイド化でバラツキやモレを防ぐ　175

**Chapter 11**

# PCの機能を活用する ............ 179

**11.1** Wordの便利機能を使う　179
**11.2** 検索しやすい管理をする　184

**文書作成のポイントのまとめ**　188

付録　191

## 書き始める前のルール

　文書作成を始める前に、明確にしておくべき3つのポイントがあります。

　［文書のテーマ］［文書の目的］［文書の読み手］。これらが不明確な状態のままでは、文書を効率よく書き進めることはできません。

　最初にこれらを明確にすることが、文書をすばやく書くためには不可欠です。また、文書作成中に悩んだり迷ったりしたら、この3つのポイントに戻ることが欠かせません。

● テーマは何か

　まず必要なのが、文書のテーマは何かということです。テーマが曖昧なままでは、書き進むことはできません。文書のテーマを明確にすることで、的確な内容の文書に結び付きます。

　テーマは、上司などから与えられる場合と自ら設定する場合とがあります。

　テーマが与えられた場合は、主旨をよく確認し、求められている内容に沿った文書のまとめ方をしなければなりません。この確認を怠ると、文書ができあがってから上司のチェックで問題点が指摘され、場合によっては大幅な修正や書き直しをしなければならなくなることもあります。

　しかし、何を書くかを明確にすることはとても難しいものです。なぜなら、テーマは視点の持ち方でさまざまな捉え方ができるからです。どのような視点から捉えるのかをはっきり決めておかないと、書き始めることはできません。スケッチをするのに、対象は明確であっても視点を決めないで歩き回っていれば、いつまでたっても描き始めることができないのと同じです。

● 目的は何か

　文書を発行する目的を明確にすることは、テーマを明確にすることと同じくらい大事です。文書を作成することが目的ではありません。文書は、目的を達成させるための手段にすぎません。真の目的は、その先にあります。

　また、文章を単に読んでもらうことが目的ではありません。内容を読み手に理解してもらって、書き手が意図する必要なアクションをとってもらうのが目的です。

　文書の役割は、用件を伝えるために必要な事柄をまとめて示すことです。真の目的を達成するためには、何が必要なのか、読み手に何を理解してもらえればよいのかを考えましょう。

　目的には、問い合わせに対する返事がほしい、提供した情報を役立ててほしい、手助けしてほしいなどさまざまなものがあります。これらの目的を具体的に想定しながら書きます。目的によって、文書で取り上げる中身や強調すべき点、省略してもよい点など、何をどのように伝えればよいのかが変わります。

　目的に沿わない内容の文書は無駄になります。書き手が意図するものが、読み手に的確に伝わるような書き方をしなければなりません。

　書き手が意図するアクションを読み手に取ってもらうことで、はじめて文書作成の真の目的が達成できたことになります。そのため、目的が読み手に明確に伝わるように、読み手にとってほしいアクションは何かを具体的に書くこともあります。

● 読み手は誰か

　文書には必ず読み手がいます。読み手にとって意味のない内容は、無駄になります。読み手の理解を超えた内容も、無駄になります。読み手

が知っている内容を記述することも、無駄になります。

　読み手を明確に想定することが必要です。読み手を具体的に想定することが難しい場合もあるかもしれません。そのようなときでも、読み手の中心にいる具体的な人物像を想定する努力をしなければなりません。

　そうすることで、読み手を常に思い浮かべながら、読み手の立場に立って書き進めることができるようになります。その結果、読み手が迷ったり疑問を感じたりすることはないか、使う専門用語は理解できるか、用語の解説や言い換えが必要か、相手にとって既知の事柄は省略しようかなど、さまざまな判断ができるようになります。

　このような配慮が、無駄のない効果的な文書に結び付きます。不要な情報が含まれていると、読み手に無駄な時間が発生し、生産性を低下させます。

　読み手が明確な場合は問題はないのですが、大勢の読み手がいて、読み手がはっきりしない場合もあります。そのような場合であっても、中心にいる読み手を想定します。

　このとき、想定した読み手をペルソナと呼びます。ペルソナは1人に絞り、具体的なイメージを思い浮かばせながら文章を書きます。ペルソナの知識、理解度、行動パターン、考え方、バックグラウンド、立場や役割、年齢などを想定します。せっかち、慎重、細かい点にこだわるなどの性格に対する配慮も書き方に影響を与えます。

Part **1**

## わかりやすく書く

文書作成の基本の1つ目は、わかりやすく書くことです。簡潔でわかりやすい文章を書く技術を身に付けなければなりません。ここで取り上げるポイントを押さえるだけで、文章のわかりやすさが格段に向上します。

# Chapter 1
# 文章のわかりにくさを解決する

わかりやすい文章とわかりにくい文章の違いは、どこにあるのでしょうか。ここでは、誤解につながる表現や読みにくい文の改善方法を解説します。

## 1.1 わかりやすさに影響する文章表現とは

文のわかりやすさに影響を及ぼす表現には、いくつかのパターンがあります。それらのパターンの文を使うときは、注意が必要です。使用を避けるのも1つの方法です。どんな文のパターンが該当するのか理解しておく必要があります。

● 区切りをはっきり示す

区切りがはっきりしないために、複数の意味にとられることがあります。読点を打ったり語順を変えたりすれば問題は解消します。【例文1.1】は、「3日前に送信〜」と「〜が3日前にわかった」の2通りの解釈ができます。【例文1.2】のように、語順を変えたり読点を打ったりすることで問題は解消します。

【例文1.1】×
3日前に送信されたメールが不達となったことがわかった。

【例文1.2】〇
送信されたメールが、不達となったことが3日前にわかった。
3日前に送信されたメールが、不達となったことがわかった。

● 否定文の中の「全部」「すべて」に注意する
　否定文の中に、「全部」や「すべて」の語句が含まれていると、複数の意味に解釈できる文になることがあるので注意が必要です。
　【例文1.3】の「全部」は、「まったく」という意味なのか「一度に全部を」という意味なのか不明です。【例文1.4】のように、別の語句に置き換えたり補足する語句を加えたりすれば、問題は解消します。
　【例文1.5】も同様の問題があるため、【例文1.6】のような表現にしなければなりません。

【例文1.3】×
新製品のサンプルは、全部配布しないでください。

【例文1.4】〇
新製品のサンプルは、まったく配布しないでください。
新製品のサンプルは、一度に全部を配布しないでください。

【例文1.5】×
すべての展示品が新製品ではない。

【例文1.6】〇
展示品の中に、新製品と旧製品と両方がある。
すべての展示品が旧製品である。

● 「と」と「または」を1文に混在させない

　1つの文の中で、【例文1.7】のように選択を表す接続詞（「または」や「あるいは」）と並列を表す接続詞（「と」や「および」）をわかりにくい状態で併用するのは避けなければなりません。そのような文は、どれとどれが選択の関係にあり、どれとどれが並列の関係にあるのかが不明になり、複数の解釈ができてしまいます。

　【例文1.8】のような表現にすれば問題を回避できます。

【例文1.7】×
サンプルに、試薬AまたはBとCを加える。

【例文1.8】○
サンプルに試薬Aを加える。または試薬BとCを加える。
サンプルに、試薬AまたはBを加える。それにCを加える。

● 接続詞（または接続の語句）をどう考えるか

　接続詞（または接続の語句）には、文と文がスムーズにつながるようにしたり意味をわかりやすくしたりする効果があります。しかし、なくても問題がない接続詞が残ってしまうことがよくあります。

　【例文1.9】は、不要な接続詞を含んだ例です。このような接続詞は【例文1.10】のように削除することで、スッキリした文章になります。

【例文1.9】×
社会の高齢化が進んだことによって、どうすれば福祉サービスを維持できるかが課題となっている。また、そのための財源をどのように確保するかということも大問題である。

【例文1.10】○
社会の高齢化が進んだことによって、どうすれば福祉サービスを維持できるかが課題となっている。そのための財源を、どのように確保するかということも大問題である。

　一方、必要な接続詞は使わなければなりません。【例文1.11】は逆接の接続詞「しかし」を使った文章です。この接続詞がないと、2つの文がスムーズにはつながりません。【例文1.12】【例文1.13】に使われている接続の語句も必要です。それがないと、同じように文と文がスムーズにつながりません。
　このように、削除すると問題が生じる場合の接続詞は残さなければなりません。

【例文1.11】○
長期的目標として、2050年までに80％の温室効果ガスの排出削減を目指しています。しかし、このような大幅な排出削減は、従来の取り組みの延長では実現が困難であるため、国内投資を促し、国際競争力を高め、国民に広く知恵を求めつつ、長期的、戦略的な取り組みの中で大幅な排出削減を目指していくことにしています。

【例文1.12】○
走行時に異常が発生した場合、自己診断装置はコンビネーションメーター内のO/D OFFインジケーターランプを点滅させ運転者に異常を知らせます。同時に、エンジンコントロールコンピューター内にその異常を記憶します。

【例文1.13】○
マイクロホン2基を互いに傾けた位置に設置し、左右ダイアフラムの間隔も狭めて広範囲の音をリアルにカバーして位相差のズレを軽減してい

ます。そうすることによって、遠近感と深さを持ち、自然なステレオイメージが伝わる音を集めることができるようにしています。

● 事実と私見を分ける

　報告書のような文書では事実を中心にした記述がなされますが、個人的な考えや意見の記述を含むこともよくあります。事実を記述した文章の中に、「〜と思われる」「〜と考えられる」のような私見が混入すると読み手を混乱させます。

　私見は、「所感」「所見」「考察」のような見出しを設けて記述することで、それが私見であることが明確に伝わります。

　気を付けないと、事実の記述の中に私見が混入することがあります。【例文1.14】は一見事実を記述しているように見えますが、私見が混入した文です。事実の記述であれば、【例文1.15】のように明確に記述しなければなりません。

【例文1.14】×
A地区の売り上げは、B地区の半分にすぎない。

【例文1.15】○
A地区の売り上げは、B地区の半分である。

## 1.2 複数の意味にとれる書き方をしない

　1.1項で複数の意味にとれる文のパターンをいくつか示しました。それらのパターンを覚えておいて、それらを避けて文章を書くという考え方もありますが、実際にはあまり厳密に考えなくても問題は起こりません。その理由を考えましょう。

● **複数の意味にとれる文に対する基本的な考え方**

　複数の意味にとれる文に対して、読み手は下記（1）〜（4）のいずれかの理由によって迷わずに1つの解釈しかしていないことが多く、混乱が生じることはほとんどないと思われます。
（1）常識的に判断できる。
（2）コンテキストを考えたとき1つの解釈しかしない。
（3）前後の文脈の中で判断できる。
（4）区分できないとしても大勢に影響を与えない。

　読み手の解釈（1）〜（4）が実際にどんな状況で使われ、どう判断されているのか見ていきましょう。

● **常識的に判断できるか**

　【例文1.16】は、2通りの解釈ができます。

【例文1.16】
老朽化した現在の販売管理システムに代わる売上データ一元管理システムと在庫管理システムを新たに構築する。

　1つは、「老朽化した現在の販売管理システムに代わる売上データ一元管理システム」と「老朽化した現在の販売管理システムに代わる在庫管理システム」を新たに構築するというものです。もう1つは、「老朽

化した現在の販売管理システムに代わる売上データ一元管理システム」と「在庫管理システム」を新たに構築するというものです。

　しかし、常識的に判断すれば前者の意味になります。なので、このままで問題ないといえます。このように、常識的な判断ができる場合はこのパターンの文を使っても問題ありません。

　【例文1.17】は同じパターンの文ですが、厳密に伝える必要がある場合は使えません。そのときは、【例文1.17】のような表現は避け【例文1.18】のような書き方にします。

【例文1.17】×
この商品は、一部の欧州と北米で販売されている。

【例文1.18】○
この商品は、北米と一部の欧州で販売されている。
この商品は、一部の欧州と北米全域で販売されている。
この商品は、一部の欧州と一部の北米で販売されている。
この商品は、欧州と北米のそれぞれ一部で販売されている。

● コンテキストを考えたとき1つの解釈しかしないか

　詳細は2.8項で解説しますが、書き手と読み手の共有情報または共通認識をコンテキストと呼びます。このコンテキストを考えたとき、文法上は2通りの解釈ができても実際には1つの解釈しかできない文があります。たとえば、【例文1.19】のような文です。

【例文1.19】
今日は、昨日のように湿度が高くありません。

この文は、「今日も昨日も湿度が高くない」という意味と「昨日は湿度が高かったけれども今日はそうではない」という意味の2つの解釈ができます。しかし、書き手も読み手も昨日と今日の天候について同じ認識を有していれば、1つの解釈しかされません。
　このように、コンテキストを考えると、このパターンの文は使っても問題がないことが多いのですが、厳密に伝える必要があるときは使えません。そのときは、【例文1.20】のような表現は避け【例文1.21】のような書き方にします。

【例文1.20】×
支社のコンピューターシステムは、本社のように処理速度は速くはありません。

【例文1.21】○
支社のコンピューターシステムは、本社と違い処理速度は速くありません。
支社と本社のコンピューターシステムを比較した場合、本社のほうが処理速度は速くなります。
本社も支社も、コンピューターシステムの処理速度は速くありません。

● 前後の文脈の中で判断できないか
　【例文1.22】も、2通りの解釈ができます。
　1つは「ふきのとう」と「カボチャの天ぷら」を用意するという意味であり、もう1つは「ふきのとうの天ぷら」と「カボチャの天ぷら」を用意するという意味です。
　しかし、料理を用意するという文脈の中で使われた場合は、生のふきのとうを思い浮かべる人はいないので、このままで問題はないということになります。

Chapter 1　文章のわかりにくさを解決する

【例文1.22】
ふきのとうとカボチャの天ぷらを用意してください。

　このように、前後の文脈を考えるとこのパターンの文は使えることが多いのですが、厳密に伝える必要があるときは使えません。
　そのときは、【例文1.22】のような表現は避け、【例文1.23】のような書き方にします。

【例文1.23】〇
ふきのとうの天ぷらとかぼちゃの天ぷらを、それぞれ一皿用意してください。
かぼちゃの天ぷらとふきのとうを、それぞれ一皿用意してください。
ふきのとうとかぼちゃのそれぞれの天ぷらを、一皿ずつ用意してください。

　【例文1.22】に似た文のパターンに【例文1.24】のような「AとBのC」というのがあります。このパターンの文は、「AとBのC」の「C」の部分に入る語句が、「A」と「BのC」と、「AのC」と「BのC」の2通りの解釈ができます。前後の文脈の中で、迷うことはないと思えるときは使ってもよいのですが、そうでないときは【例文1.25】のような書き方にします。

【例文1.24】×
この商品は、東京と大阪の一部の地域で販売されています。

【例文1.25】〇
この商品は、東京と大阪のそれぞれ一部の地域で販売されています。
この商品は、大阪の一部の地域と東京で販売されています。

この商品は、東京全域と大阪の一部の地域で販売されています。

「AとBのC」のパターンに似たもう1つのパターンがあります。【例文1.26】に示す「形容句＋AとB」のパターンがそうです。このパターンの文は、「形容句＋A」と「B」という解釈と、「形容句＋A」と「形容句＋B」という解釈ができます。

前後の文脈から考えたとき、読み手が迷うことはないだろうと思えるのであればそのままでよいのですが、そうでないときは【例文1.27】のような書き換えが必要になります。

【例文1.26】×
都市通勤者が多く住むA市とB市は、緑が多い。

【例文1.27】○
A市とB市は緑が多く、都市通勤者が多く住む。
B市と都市通勤者が多く住むA市は緑が多い。

● **区分できないとしても大勢に影響を与えないか**
【例文1.28】も2通りの解釈ができます。「目立つ」が「黄色」に係っているという解釈と「目立つ」が「看板」に係っているという解釈です。

【例文1.28】
そこには、目立つ黄色の看板があります。

いずれにしても看板が目立っているということであり、それ以上の細かい解釈は不要と考えれば、このままで問題はないということになります。

この場合も、他のパターンと同じように厳密に伝えなければならない

Chapter 1　文章のわかりにくさを解決する

ときは表現に工夫が必要になります。

　このように、複数の解釈ができる文を新聞や雑誌にも見かけることがあります。しかし、問題になることがないのは、前述の（1）〜（4）のような理由があるためです。読み手がこれらの理由を考えることはないかもしれませんが、実際には前述の（1）〜（4）によって、瞬時に書き手が意図する解釈をしかしていないことが多いとためと思われます。
　以上のことから、この種の問題には必要以上に神経質にならなくてもよいでしょう。
　ただし、文には複数の解釈ができるパターンがあるということを念頭に置いて、大事な箇所や厳密に伝えなければならない場合は注意するという姿勢は必要です。
　ほかにも複数の意味にとれる文のパターンがいくつかありますが、ビジネスの場で使われることが少ないものについては、ここでは取り上げていません。

## 1.3 文の長さと構造に注意する

　長すぎる文はわかりにくくなります。一方、文を細切れにして短い文を数多くつないでいくとギクシャクした幼稚な印象を与える文章になってしまいます。実用的な文の長さは、どのように考えるべきでしょうか。

● 1.5行（約60字）以内の文の長さなら気にしない

　1行約40字として、約1.5行（約60字）の長さの文であれば読みにくくなることはほとんどありません。その長さであれば、気にする必要はないといえます。

　書き上げた文章を読み直したとき、2行を超えているような長い文で読みにくいと感じたときは、文の構造に問題があることが多いといえます。文の構造には、単文、重文、複文の3種類があります。この中で、問題になりがちなのが複文です。

● 単文、重文、複文とは

　単文とは、1つの文に1組の主語・述語しかないものです。主語・述語に係る修飾語が長くても、構造が単純なのでわかりにくくなることはありません。【例文1.29】は単文の例です。

【例文1.29】
申請外無線LANとの電波干渉によるIPフォンの切断や通信速度低下などの<u>無線LANトラブルが</u>（主語）<u>発生しています</u>（述語）。

　重文とは、並列の関係にある複数の主語・述語で1文が構成されているものです。構造が比較的単純なので、一般には、2行（約80文字）程度よりも少ない文字数であれば、特にわかりにくくなることはありません。【例文1.30】は重文です。

【例文1.30】
9月末日までに退職される方は（主語）調査票の備考欄に退職日を記入し（述語）、（退職される方は）（省略された主語）必ず調査票および証明書類を提出してください（述語）。

　複文には、2つのパターンがあります。1つは、【例文1.31】のように、2組の主語・述語で構成され、うち1つの主語・述語が入れ子の関係にあるものです。このパターンは、1組の主語・述語がもう1つの主語・述語に挟まれる関係にあります。そのため、文が長くなると最初に出てくる主語とそれに対応する最後の述語が離れてしまい、わかりにくくなります。

【例文1.31】
別居手当の対象者は（主語）、会社が（主語）単身赴任証明書を発行する（述語）ので、備考欄に「単身赴任」と記入してください（述語）。

　もう1つの複文のパターンは、【例文1.32】や【例文1.33】のように2組の主語・述語が重文と同じような並び方をしている場合で、片方の主語・述語がもう1つの主語・述語に従属している関係にあるときです。

【例文1.32】
委託先で紛失した書類の中には、XYZグループの客先情報のほかにXYZグループの技術上の情報が（主語）含まれていた（述語）ため、（担当部署は）（省略された主語）お客様へのお詫びや経済産業省への届け出を行いました（述語）。

【例文1.33】
林野庁は（主語）最近開発された先進的な技術を活用する（述語）という基本方針の基に、(林野庁は)（省略された主語）木質バイオマスを原料としたエタノールやナノカーボンを製造する新たなシステムの構築に取り組んでいます（述語）。

　複文はいずれのパターンも複雑な構造をしているので、文字数が多くなるとわかりにくくなります。
　文章を書くとき、複文の意味を理解しておかなければならないということではありません。ただし文には構造があり、長い文になったときは複雑な構造の文（複文）はわかりにくくなるので、分割するという認識は必要です。

　実際に文章を書くときは、ときどき短い文も混入してリズム感を出し、結果として平均の文字数が50字前後になっていれば文の長さの問題が生じることはまずありません。

## 1.4 長すぎる文は分割する

　意識して書かないと、文は長くなりがちです。文が長くなる代表的な原因は、次のようなものです。

● **長い挿入句・修飾部があると文は長くなる**
　主語と述語の間に長い挿入句や修飾部があると、文がわかりにくくなります。そのようなときは、挿入句、修飾部を抜き出して、別の文にできないかを考えます。
　【例文1.34】には、「ステンレス製反射鏡ハイドロクリーンミラー」を修飾している「光が当たると薄い水膜を形成する〜曇らないようにした」が挿入されているため、文全体が長くなりわかりにくくなっています。【例文1.35】のように、挿入句を抜き出して別の文にすれば問題は解消します。

【例文1.34】×
S社とT社は、光が当たると薄い水膜を形成する活性炭素を発生する酸化チタンを鏡面にコーティングして雨天時に表面に水滴ができにくくすることで曇らないようにしたステンレス製反射鏡ハイドロクリーンミラーを開発しました。

【例文1.35】○
S社とT社は、ステンレス製反射鏡ハイドロクリーンミラーを開発しました。この製品は、光が当たると薄い水膜を形成する活性炭素を発生する酸化チタンを鏡面にコーティングしており、雨天時に表面に水滴ができにくくすることで曇らないようにしています。

● 「〜し、」「〜り、」を使うと文は長くなる

「〜し、」や「〜り、」「〜き、」「〜み、」「〜け、」のように、動詞の連用形を使っていったん文を中止して、また文を分けることなく続ける書き方を中止法と呼びます。「〜を消し、〜」「〜を切り、〜」「○時に起き、〜」「〜を読み、〜」「〜を受け、〜」のような使い方がそうです。

この中止法を使うと、文は際限なく長くなっていくので注意が必要です。【例文1.36】は、中止法を使った長い文です。【例文1.37】のように、「〜し、」のところで文を区切って2つに分けると読みやすくなります。

【例文1.36】×
マルコム・ボルドリッジ賞や日本経営品質賞は、顧客志向の優位性確立戦略の存在を前提と<u>し、</u>顧客志向経営が展開される仕組みや顧客志向経営を支える仕組みをそれぞれの審査基準に基づいて評価を行い、優れた企業を表彰するものである。

【例文1.37】○
マルコム・ボルドリッジ賞や日本経営品質賞は、顧客志向の優位性確立戦略の存在を前提と<u>している。そのうえで、</u>顧客志向経営が展開される仕組みや顧客志向経営を支える仕組みをそれぞれの審査基準に基づいて評価を行い、優れた企業を表彰するものである。

● 「〜が、」を使うと文は長くなる

【例文1.38】のように接続助詞「が、」で文をつなぐと、長い文になってわかりにくくなることがあります。そのようなときは、【例文1.39】のように「が、」のところで文を区切ります。

この例文のように、逆接の接続助詞「が」のところで文を分けたときは、「しかし」のような逆接の接続詞を使って2つの文をつなぎます。

【例文1.38】×
地球温暖化対策と経済成長を両立させながら、長期的目標として2050年までに80％の温室効果ガスの排出削減を目指していますが、このような大幅な排出削減は、従来の取り組みの延長では実現が困難であるため、国内投資を促し、国際競争力を高め、国民に広く知恵を求めつつ、大幅な排出削減を目指していくことにしています。

【例文1.39】○
地球温暖化対策と経済成長を両立させながら、長期的目標として2050年までに80％の温室効果ガスの排出削減を目指しています。しかし、このような大幅な排出削減は、従来の取り組みの延長では実現が困難であるため、国内投資を促し、国際競争力を高め、国民に広く知恵を求めつつ、大幅な排出削減を目指していくことにしています。

● 長すぎる文の分割

　長い挿入句や修飾部、中止法、接続助詞「が」の使用などが原因で、文の長さが2行を超えて3行くらいになることもあります。このような長くなった文は、論理的なつながりに気を付けながら、適切に文を区切って複数の文に分割しましょう。

　分割するとき気を付けなければならないのが、文と文のつなぎの語句です。2つの文がスムーズにつながるのであれば、接続の語句は不要です。そうでないときは、適切な接続の語句を使います。

　【例文1.40】は「～と共に」を使っており、文が長くなっています。【例文1.41】はこれを2つの文に分け、2つの文がスムーズにつながるように「同時に、」という接続の語句を使っています。

【例文1.40】×
企業は、事業ポートフォリオや人材ミックスの組み替え、労務コンプラ

イアンス対策などの基盤となる人事システムを追求する<u>と共に、</u>それに適したいろいろな雇用形態も考えていくようになるでしょう。

【例文1.41】○
企業は、事業ポートフォリオや人材ミックスの組み替え、労務コンプライアンス対策などの基盤となる人事システムを追求していくでしょう。<u>同時に、</u>それに適したいろいろな雇用形態も考えていくようになるでしょう。

● 文がわかりにくいと言われるときは短文にしよう

　文の長さは1.5行までなら気にしなくてもよいといいましたが、あなたの書いた文章がわかりにくいとよく言われる場合は、もう少し文を短くすることを心掛けましょう。短文にすることで、文をわかりにくくする要素は相対的に低下します。

　短文にすることで文章が多少ギクシャクすることもありますが、優先させるべきは何かを考えましょう。

# Chapter 2

# 読みやすく整える

　読み手が文書の内容をすばやく読み取り、必要なアクションをとるようにするためには、書き手の工夫が必要になります。最初に文書の概要をわかりやすく伝えたり、読み手がじっくり読むべきところとサーッと目を通せばよいところを区別できるようにしたりします。

## 2.1 見出しをつける

　あるまとまった文章の内容を、短い言葉で表現したものが見出しです。見出しによって、文書の構成や流れが見えるようになります。また見出しを適切に設けることで、文章にメリハリが生じ読みやすさは格段に向上します。

　文章は見た目によって、読み手に読むのは面倒くさそうという印象を与えることがあります。その1つが、ぎっしり詰まった見出しのない文章です。見出しは、実は読み手の印象を左右するものなのです。

● 標題の表現

　文書の最初に付くタイトルが標題です。読み手は、まず標題を見て何に関する文書なのかを判断します。標題は、文書のテーマが伝わる具体的な表現にしなければなりません。

　たとえば「提案書」では、何の提案書なのか内容が伝わりません。「新製品導入提案書」でも、まだ具体性に欠けます。「3Dプリンター導入に関する提案書」のようにすれば、内容が伝わります。

この標題が適切でないと、読むべきかどうかの判断ができないまましばらく読み進まなければなりません。不適切な標題は、問題があるといえるでしょう。

● **見出しを適切に設ける**

文書の本文の内容は、いくつかのかたまりに分けることができます。このかたまりごとに見出しを設けることで、読み手はかたまりとその内容を認識しやすくなり、読みやすくなります。

もし、長めの文書に見出しがなく文章だけでできていたとしたらどうでしょうか。想像するまでもなく、わかりにくいという印象を与え、まじめに読んでもらえないかもしれません。

見出しは、文書がどのような内容、どのような流れになっているのかを直感的に伝えるうえでなくてはならないものです。見出しの効果は大きいので、意識して適切な見出しを多めに設けるようにしましょう。

● **見出しの階層**

最上位の階層の見出しが章見出しであり、階層が1段深まった見出しが節見出し、さらに階層を1段深めたものが項見出しです。ページ数が少ない文書の見出しは1階層や2階層が多いのですが、ページ数が増えるにつれ3階層程度の見出しが設けられます。

階層はあまり多すぎてもわかりにくくなるため、通常は3階層までとされています。階層が多くなりすぎると、読み手は階層の認識がしにくくなり複雑という印象を受けるようになります。

ただし、数百ページに及ぶような文書では3階層では足りず、4階層や5階層の見出しになることもあります。

● **見出しの表現**

見出しには、できるだけキーワードを含めます。使用するキーワードは、本文で使われているものと同じにします。また、見出しは具体的な

表現にして検索しやすくします。

　たとえば、「ファイルの管理」ではなく「設定ファイルの管理」、「リビジョンアップ」ではなく「ファームウェアのリビジョンアップ」のようにします。見出しをパッと見て、全体の流れと大まかな内容がつかめるようにすることが大事です。

　本文の中に、見出しと異質の内容が含まれないように気を付けます。見出しと本文が一致しないときは、見出しを本文に合わせて変更したり本文を変更したりします。本文を分割して、それぞれに適切な見出しを設ける方法もあります。

## 2.2 小見出しをつける

　小見出しとは、小さな内容のまとまりごとに設けた見出しです。小見出しによって、読み手はどんなまとまりがあるのかを瞬時に認識しやすくなります。

● **小見出しの効果とポイント**

　本書の「●」が付いた見出しが小見出しです。小見出しを設けることで、文書から受ける印象はかなり異なったものになります。紙面にメリハリが感じられるようになり、どんな内容について記述されているのかがわかります。小見出しだけを追っても、内容をある程度把握しやすくなります。

　図2.1に、小見出しを効果的に使った例を示します。小見出しがあることで、この文書を見た瞬間に4つのまとまった内容があることがわかります。また、それらは特許権の活用に関する「競争優位性の向上」「金銭的収益の向上」「企業価値の向上」「水平展開による効果」であることがわかります。

　小見出しを設けていない図2.2と比べると、小見出しの威力が理解できます。

**図2.1** 小見出しの例

## 特許権をどのように活用するか

　知財立国宣言以降、「発明→保護→活用」が連鎖する特許権活用の取り組みが強化されています。それに伴って、知財侵害の罰則や取り締まりの強化、知財高裁の設置など、特許権の活用や関連する制度改革も急速に進展しました。また特許権の活用は、企業経営の評価対象としても注目されています。特許権は重要な知的資産の一つになっており、特許権を積極的に活用することで、主に以下の4つの効果が期待されています。

● **競争優位性の向上** ── 小見出し

　特許権によって独占的に技術を使うことで、競争の優位性を高めることができます。ただし、特許権は無体財産権であり、特許権者以外の人でも同じ技術を権利者に無断で使おうと思えば使えるという側面もあります。したがって、特許権を取得しておけば問題なく独占使用できるということにはなりません。市場に自社の特許権侵害被疑品があるかどうかを常にウォッチして、侵害被疑品を見つけたときはそれを排除するなど適切な対処が求められます。

● **金銭的収益の向上** ── 小見出し

　ライセンス供与による金銭的な収益も、特許権活用の大きな効果です。他社から特許使用許諾の申し入れがあったときは、独占を維持するのかライセンスを供与するのかを、さまざまな状況を踏まえて適切に判断しなければなりません。

● **企業価値の向上** ── 小見出し

　特許権には、企業価値を高めるという効用もあります。市場形成やブランド形成に影響を与えたり競合他社の技術開発を牽制したりアライアンスで優位に立ったり国際標準化活動を先導したりと、その内容は多岐にわたります。

● **水平展開による効果** ── 小見出し

　特許技術の水平展開を図ることによる効果も見逃せません。ある商品に使われている特許が別の商品に水平展開できないか考えることも大事です。うまく展開できれば、特許権の効果は倍増します。

**図2.2** 小見出しを設けていない例

---

### 特許権をどのように活用するか

　知財立国宣言以降、「発明→保護→活用」が連鎖する特許権活用の取り組みが強化されています。それに伴って、知財侵害の罰則や取り締まりの強化、知財高裁の設置など、特許権の活用や関連する制度改革も急速に進展しました。また特許権の活用は、企業経営の評価対象としても注目されています。特許権は重要な知的資産の一つになっており、特許権を積極的に活用することで、主に以下の効果が期待されています。

　特許権によって独占的に技術を使うことで、競争の優位性を高めることができます。ただし、特許権は無体財産権であり、特許権者以外の人でも同じ技術を権利者に無断で使おうと思えば使えるという側面もあります。したがって、特許権を取得しておけば問題なく独占使用できるということにはなりません。市場に自社の特許権侵害被疑品があるかどうかを常にウォッチして、侵害被疑品を見つけたときはそれを排除するなど適切な対処が求められます。

　ライセンス供与による金銭的な収益も、特許権活用の大きな効果です。他社から特許使用許諾の申し入れがあったときは、独占を維持するのかライセンスを供与するのかを、さまざまな状況を踏まえて適切に判断しなければなりません。

　特許権には、企業価値を高めるという効用もあります。市場形成やブランド形成に影響を与えたり競合他社の技術開発を牽制したりアライアンスで優位に立ったり国際標準化活動を先導したりと、その内容は多岐にわたります。

　特許技術の水平展開を図ることによる効果も見逃せません。ある商品に使われている特許が別の商品に水平展開できないか考えることも大事です。うまく展開できれば、特許権の効果は倍増します。

● 小見出しの位置づけ

　比較的分量の少ない文書では、見出しは小見出しだけの場合が多いのですが、分量が増えると「章見出し＋小見出し」「章・節見出し＋小見出し」「章・節・項見出し＋小見出し」のような形をとるようになります。

　以下に、「章・節・項見出し＋小見出し」の場合を例にとって、小見出しの位置づけについて述べます。この場合の小見出しの位置づけとしては、2種類考えられます。

　1つは、図2.3のように特定の階層で使う小見出しです。図2.3では、1〜3階層の見出しに「1.」「1.1」「1.1.1」のような数字を使い、4階層目の見出しとして「●」を使った見出し、すなわち小見出しを使っています。

　この場合は、小見出しが使われる階層の中で複数の小見出しが使われます。本書では4階層目の見出しという位置づけで、この小見出しを使っています。なお、小見出しの記号は「■」が使われることもあります。記号を使わず文字だけにすることもあります。

　もう1つは階層と無関係に、あるまとまった情報に対して設けた見出しという位置づけです。この場合の小見出しは、図2.4のように階層に無関係に小見出しを設けることができます。

　あるまとまった情報は階層に無関係に現れます。なので、大見出しに続く本文の中、節見出しに続く本文の中などにこの小見出しを表示させることができます。

　またある階層の中に、小見出しを設けたいまとまった内容が1つしかない場合は、小見出しは1つでもかまわないという自由度があります。このある階層の中に1つしかない小見出しを、ブロック見出しと呼ぶこともあります。

　ブロック見出しは、使い勝手が良いのでお勧めです。ブロック見出しがあることで、読み手はあるまとまった情報があることと、その情報が何であるかをすばやく認識することができます。

　ブロック見出しを使うことで執筆の自由度も増すため、文書の作成時

間の短縮にも役立ちます。ブロック見出しは便利な使い方ができるので、積極的に使って文書を見やすいものにしていきましょう。

　図2.5に、ブロック見出しを効果的に使った例を示します。

**図2.3　階層が明確な小見出し**

```
タイトル

1. 章見出し
 1.1 節見出し
  1.1.1 項見出し
   ●小見出し
   ●小見出し
   ●小見出し
  1.1.2 項見出し
   ●小見出し
   ●小見出し
 1.2 節見出し
  1.2.1 項見出し
   ●小見出し
   ●小見出し
  1.2.2 項見出し

2. 章見出し
 2.1 節見出し
（以下、省略）
```

**図2.4　階層に無関係な小見出し**

```
タイトル

1. 章見出し
 1.1 節見出し
  ●小見出し
  ●小見出し
  ●小見出し
 1.2 節見出し
  1.2.1 項見出し
   ●小見出し
   ●小見出し
  1.2.2 項見出し
   ●小見出し
   ●小見出し

2. 章見出し
 2.1 節見出し
（以下、省略）
```

節見出しの次に「●小見出し」があってもよい。

図2.5 ブロック見出し

## 3.5 コンソールコマンドで設定を変更する　—　2階層目の見出し（節見出し）

　本製品に、直接コンソールコマンドを送ることで、本製品の機能を簡単に設定できます。Telnet経由で設定を変更するだけでなく、管理者向け設定画面からコンソールコマンドを入力して実行することもできます。Telnet経由で設定を変更する場合は、お使いの環境用のTelnetソフトウェアをご用意ください。

**コンソールコマンドとは**　—　ブロック見出し

　コンソールコマンドは、ルーターに直接命令を送って機能を設定するためのものです。コンソールコマンドを使うと、他の方法よりも詳しい設定が行えます。コンソールコマンドの詳細については、コマンドリファレンスを参照してください。

### 3.5.1　Telnetでコンソールコマンドを使用する　—　3階層目の見出し（項見出し）

　LAN 1ポートを接続しているPCからTelnetソフトウェアで本製品にログインし、コンソールコマンドを送信して設定します。
（以下、省略）

## 2.3 概要やリードをつける

最初に概要を示したりリード文を付けたりすることは、文書をわかりやすくする効果が大きいといえます。特にページ数が多い文書には有効です。

### ● 長い文書は最初に概要を示す

長い文書は、最初に概要を示すと効果的です。概要がない場合、最後まで読み進まないと何が書いてあるのかわからないということになります。それでは、忙しい人に全部を読んでもらうことは期待できません。

概要は「概要」「要点」「要約」のような見出しにして、概要を示していることが伝わるようにします。概要の例は、Chapter 8で紹介します。

### ● ページ数が多い文書にはリード文を設ける

リード文は、見出しに続いて記述される本文の概要を記述した文章です。たとえば、章見出しの次に文章が入り続いて節見出しが設けられている場合、章見出しと節見出しに挟まれた文章をリード文と呼びます。

リード文は概要を示す文章であり、章見出しに続くリード文はその章の概要を記述しています。リード文は章見出しだけではなく、節見出しや項見出しのあとにも入れることがあります。

リード文があることで、読み手は概要を理解してから詳細な内容や具体的な内容に読み進むことができるため、全体の理解がしやすくなります。リード文の役割は概要を記すことですが、時には読み手の興味を引きつけるような内容を含ませることもあります。

リード文は、短い文書や内容が簡単な文書には入れる必要はありません。リード文の役割を理解したうえで、効果的な使い方を心掛けましょう。

図2.6に、リード文の見本を示します。

図2.6　リード文

## 第5章　設定について

　本章では、設定の動作方法やその注意点、設定操作の流れ、具体的な設定方法などについて説明します。説明の中では、設定の例を示すために具体的なISDNやIPアドレスを使用していますが、これらは例として扱っているものです。 ← 第5章のリード文

### 5.1　ログインパスワードと管理パスワードの設定

　本製品は、工場出荷時にログインパスワードと管理パスワードは設定されていません。セキュリティを高めるために、本製品を運用する前にパスワードを設定してください。パスワードを設定すると、本製品にアクセスする際にパスワードの入力が必要になるので、第三者が本製品の設定を変更することが困難になります。

（中間省略）

### 5.2　設定作業の流れ

　本製品は、本製品内部のメモリに記録された設定ファイルに従って動作します。設定は、管理ユーザーだけが行うことができます。一般ユーザーとしてログインした場合は、administratorコマンドで管理ユーザーとしてアクセスしてください。

（以下、省略）

## 2.4 段落を効果的に使う

　内容のまとまりごとに文章を区切ったものが段落です。段落を設けることで、内容を区切りながら読み進むことができるため、長めの文章でも比較的読みやすくなります。

　読みやすい文章にするためには、段落を明確に意識し、段落を効果的に使うことが求められます。

　段落が少なく、文字がぎっしり詰まったような印象を与える文章は読み手の読もうという気持ちを阻害します。

### ● 主題文とは

　段落には、一般に主題文が含まれています。主題文とは、その段落の主題を提示する、段落の中で最も重要な文を指します。主題文は、各段落の先頭に置くのが基本です。そうすることで、段落の内容が理解しやすくなります。

　【例文2.1】の主題文は、「過去を振り返ると、XYZグループは〜、積極的にビジネスを切り開いてきたことがわかります。」であり、この段落の主題を示しています。

　中には、主題文を段落の最後に置いて段落のまとめのような役割を持たせることもあります。また、ときには主題文がなくてもよい段落もあるので、無理に主題文を作らなくてもかまいません。

【例文2.1】
　<u>過去を振り返ると、XYZグループは数多くの世界初の製品やヒット商品を生み出すことで、積極的にビジネスを切り開いてきたことがわかります。</u>最近の例でいえば、生産自動化システム「AutoPro-HS」です。2000年に生産自動化機器製造大手のABCMAX社を買収し、その後、生産自動化システムの開発にリソースを傾注して、AutoPro-HSの製品化に成功しました。そしてわずか3年後には、AutoPro-HSは生産自動化

システムでグローバルNo.1の販売実績を挙げました。さらに、製品の販売だけにとどまることなく、安全性ビジネスをXYZグループの大きな柱にまで育てました。

● **段落に含まれる文の数**

　段落としてのまとまりの捉え方には個人差が生じます。まとまりを大きく捉えると1つの段落に多くの文が含まれ、まとまりを小さく捉えれば1つの段落内の文の数は減ります。

　段落のくくり方は文の数で決めるわけではありませんが、あえて文の数でいえば1段落は2〜4文、多くても5文程度にすれば読みやすくなるといえます。内容によっては、1段落が1文でできている場合もあります。

　【例文2.2】は2つの段落で構成された文章ですが、最初の段落は1つの文、2つ目の段落は4つの段落で構成されています。最初の段落を1文とすることで、主題を強調しています。

【例文2.2】
　プリシスフォトファイン30とは、ファイン制御社独自の画像処理技術を用いて自動的に画像を高画質にして印刷する機能です。

　一般に、きれいと感じられるデジタル画像には、元データに対して何らかの補正がかけられています。通常、このような補正はフォトレタッチソフトを使用して行いますが、その作業には色に関する豊富な知識と作業経験が必要とされます。また、この作業には時間もかかります。このような難しい補正作業を自動で行う機能がプリシスフォトファイン30です。

## 2.5 記号や数字を使う

　文書をわかりやすくするには、記号を使って伝達効果を高めたり、数字を使って明確に表現したりすることも効果的です。

● 記号を上手に使う

　記号を上手に使うと伝達効果が高まります。たとえば、○×は【例文2.3】のように直感的に意味が伝わるので効果的に使うことができます。

　また、「※」は補足説明の行頭に使うというルールが採用されていれば、読み手は「※」を見ただけでこの記号に続く文章が何であるかを認識できるので効果的です。【例文2.4】に使用例を示します。

【例文2.3】

停止対象システムは、次のとおりです。

注：○は利用可、×は利用不可

|  | 3月3日 | 3月10日 | 3月17日 | 3月24日 | 3月31日 |
|---|---|---|---|---|---|
| Entrance to ABC Global Systemへのログオン | ○ | ○ | ○ | ○ | × |
| 電子電話帳 | × | ○ | ○ | ○ | × |
| 人事系機能 | × | ○ | ○ | × | × |
| 見積システム | × | × | × | × | × |
| 受注、手配、購買、出荷機能 | × | × | × | × | × |

【例文2.4】

**6. 申し込み方法**

下記URLから、必要事項を記入のうえお申し込みください。

URL：http://abb0001.jp.abcgroup.net/request/view/

※上記URLからお申し込みができない場合は、下記問い合わせ先にご連絡ください。

● **カッコを上手に使う**

　カッコを上手に使うと伝達効果が高まります。キーワードを強調したいときや特定の文字列を目立たせたいときに有効です。たとえば、【例文2.5】に示す例のようにカギカッコを使うことで、特定の語句を目立たせることができます。

【例文2.5】
10月1日が「法の日」に定められた経緯は、～
仮に仲裁の合意はできたとしても、「どの機関によって」「どのルールを用い」「どの言語で」仲裁を行うかという～

● **数字で示す**

　曖昧な表現は、読み手に対しても曖昧な伝わり方になります。たとえば、「支店Aの売り上げは、きわめて順調です」は曖昧です。「支店Aの売り上げは、昨年度に比べ30％増加しています」とすれば明確になります。

　このように数字が使えるときは、「かなり」「大幅に」「きわめて」「大きく」のような曖昧な言葉を使わないで、「約3時間」「前年度比50パーセントアップ」「前年同月比10パーセント減少」のような表現にします。そうすることで説得力が増し、納得や同意が得られやすくなります。

## 2.6 図表を活用する

　文書は、文章だけで作成しなければならないということはありません。図やグラフ、表には優れた特性があります。それらの特性を知り活用することで、文書のわかりやすさは大きく向上します。同時に、図表で説明している箇所の本文の説明は不要のため、文章量を削減できます。

● **表、グラフを活用する**

　複数の要素が並列関係にある場合や、同じような項目が含まれている文章や箇条書きは、表にして示すとわかりやすくなります。表は一覧性に優れており、表にすることで比較しやすくもなります。

　割合や量の推移を示したいときは、グラフが適しています。グラフにすることで、割合、増減、傾向などが瞬時に把握できるようになります。また、グラフの約束事は暗黙の了解事項なので、グラフに対する解説がなくても誰もが同じように解釈できるという特長もあります。

● **図を活用する**

　図には、図解、画像、イラストなどがあります。図は、読み手に内容を直感的に伝えられるという特長を持っています。

　図の中で、いろいろな図形要素を線や矢印で結ぶことで、仕組みや物事の流れ、要素間の関係などを、わかりやすく示した図を図解と呼びます。図解にすることで、概要がすばやく伝わる、要素同士の関係・構造がわかりやすくなる、直感的な理解が得られるなどの効果があります。

　【例文2.6】は、処理の流れを箇条書きで示した文書です。図2.7は、この処理の流れを図解で示しています。箇条書きに比べて、はるかにわかりやすくなっているのがわかります。

　このように、「はい」「いいえ」で分岐させるような表現ができる場合やフロー図で表現できる場合は、図解による説明が欠かせません。

## 【例文2.6】
### 放射性物質に汚染された廃棄物の処理

放射性物質汚染対策特措法では、放射性物質に汚染された廃棄物の処理が安全に行われるよう、遵守すべき処理基準を定めています。

処理は、次のように行われます。

① 放射性物質を含む廃棄物が、「旧警戒区域・計画的避難区域」内の廃棄物に該当する場合は、「放射性物質汚染対処特措法施行規則第3条に定められた廃棄物」か確認し、これに該当する場合はさらに「放射能濃度は、8000ベクレル/kgを超えており、環境大臣の認定を受けているか」を確認する。

② 「環境大臣の認定」を受けている場合は「特定廃棄物*」として処理し、該当しない場合は「管理型処分場」で処理する。

③ 放射性物質を含む廃棄物が、「旧警戒区域・計画的避難区域」内の廃棄物に該当しない場合は、「放射能濃度は、8000ベクレル/kgを超えており、環境大臣の認定を受けているか」確認し、②の処理を行う。

④ 「放射性物質汚染対処特措法施行規則第3条に定められた廃棄物」の確認結果、該当しない場合は「特定廃棄物」として処理する。

⑤ 「特定廃棄物」は国が責任を持って処理する。

＊特定廃棄物は対策地域内廃棄物と指定廃棄物に分けられる。いずれも、放射性物質汚染対処特措法に基づき、国が処理する。

**図2.7** 図解を使った説明

### 放射性物質に汚染された廃棄物の処理

　放射性物質汚染対策特措法では、放射性物質に汚染された廃棄物の処理が安全に行われるよう、遵守すべき処理基準を定めています（図1）。

```
                    放射性物質を
                    含む廃棄物
                        ↓
┌──────────┐  はい  ┌──────────┐  いいえ  ┏━━━━━━━━━━━━━━━━━━┓
│「旧警戒区域・│ ───→ │放射性物質汚染│ ─────→ ┃ 特定廃棄物        ┃
│計画的避難区域│       │対処特措法施行│        ┃ ┌──────────┐    ┃
│」内の廃棄物 │       │規則第3条に定│        ┃ │対策地域内廃棄物│    ┃  ┌──────────┐
│ですか？    │       │められた廃棄物│        ┃ │放射性物質汚染対│ ──→ │国が責任を │
└──────────┘       │ですか？    │        ┃ │処特措法に基づき│    ┃  │持って処理 │
      │いいえ         └──────────┘        ┃ │、国が処理    │    ┃  └──────────┘
      ↓                  ↑ はい            ┃ └──────────┘    ┃
┌──────────┐              │                ┃ ┌──────────┐    ┃
│放射能濃度は、│              │                ┃ │指定廃棄物    │    ┃
│8000ベクレル/ │ ←──────── はい ─────────→ ┃ │放射性物質汚染対│    ┃
│kgを超えており│                             ┃ │処特措法に基づき│    ┃
│、環境大臣の認│                             ┃ │、国が処理    │    ┃
│定を受けていま│                             ┃ └──────────┘    ┃
│すか？      │                             ┗━━━━━━━━━━━━━━━━━━┛
└──────────┘
      │いいえ                                ┌──────────┐
      └──────────────────────────────────→ │管理型処分場で処理│
                                             └──────────┘
```

図1　放射性物質に汚染された廃棄物の処理基準

## 2.7 添付資料や補足説明をつける

　業務連絡文書や報告書には、必ずしも全部を読む必要がなく特定の人はある部分を省略して読んでもよい場合があります。また、専門用語を知っている人はその解説を読み飛ばしたり、詳細情報はそれを必要とする人だけが読めばよい場合があります。

　そのような場合の対応方法がいくつかあります。たとえば、一部の人だけに必要な部分を分けることで、一部の読み手が読む時間を短縮することができます。

● **添付資料で補う**

　業務連絡文書や報告書は、簡潔であることが望まれます。しかし、参考として示したい情報や根拠をはっきりさせたいために示す資料が大量にある場合があります。そのようなときは、それらの資料を「添付資料」や「別紙」として付け加えることで、文書の簡潔さと充実した資料の両方を満足させることができます。

　読み手は簡潔にまとめられた文書を読み、詳細を知りたいときだけ添付資料を参照すればよいので、特に量が多くわずらわしいと思うこともありません。

【例文2.7】は、当日の配付資料一式を添付資料にした報告書の例です。このようにすれば、報告書はコンパクトにまとめることができ、添付資料はそれを必要とする読み手だけが読むことができるようになります。

【例文2.8】のように、詳細内容だけ添付資料にすることもあります。

【例文2.7】

1.〜8.項省略

9. 所感
- いわゆるWebマーケティングの話であるが、「誘い込む」という観点から論じており新鮮であった。直接的な方法で商品を販売するだ

けでなく、いかに顧客を誘い込むかという視点を強めていく必要性を感じた。
・第2部では、名刺交換を積極的に行ったが、今後の当部の業務につながる可能性がある。

## 10. 添付資料
当日の配付資料一式

【例文2.8】
1.～3.項省略
## 4. 所感
・ABC産業機器は、CKSP0010の導入に前向きである。半年間の無償貸与期間の評価が高ければ、導入の可能性は大きい。そのためには、当社エンジニアの適切な指導が重要である。
・導入台数は10台を上回る可能性が大きいので、価格についても再度検討が必要である。
## 5. 出張経費
総額35,700円（明細書別添）

● **注記で専門用語を解説する**

業務連絡文書や報告書に、読み手になじみが薄い専門用語が出てくることもあります。

そのようなとき、専門用語を使わないで説明するという考え方もあります。しかし、専門用語はある概念や複雑な内容を一言で定義したものなので、情報を的確に伝えるためには有用です。

読み手になじみが薄い専門用語を使った場合、本文中で説明するとうるさい感じや冗長な感じを与えるので、注記を使って説明するのが適しています。注記は、欄外に記述したり最後にまとめて記述したりします。専門用語が多いときは、別紙で用語集を付けてもよいでしょう。

専門用語の説明は、【例文2.9】のように本文の中の専門用語に、*1、*2のようなアスタリスクと数字を上付き文字で付加し、注記と関連付けをして欄外で説明するのが一般的です。専門用語が1つしかない場合は、アスタリスクのあとの数字は不要です。

【例文2.9】
1. インサイダー取引の規制対象
　インサイダー取引とは、「会社関係者*1、元会社関係者*2、情報受領者*3」が「重要事実*4の発生後、あるいは公表前」に、「重要事項を知りながら株式等を売買すること」であり、このような取引が金融商品取引法の規制の対象になります。

*1 上場会社・親会社・子会社の役員・社員（派遣社員、アルバイト等も含む）、契約締結者・締結交渉中の者（取引先の社員等）
*2 会社関係者でなくなってから1年以内の者
*3 会社関係者および元会社関係者から重要事項の伝達を受けた者
*4 決算情報、決定事項（損益への影響の大きい新製品の開発、業務提携、増資・減資・自己株取得、M&A等の決定）、発生事実（多額の損害の発生等）のほか、投資者の投資判断に著しい影響を与える情報全般が対象になる

2. 当社の自主規制
（以下、省略）

● 補足を使って説明を簡潔にする
　補足的な内容を含んでいる文書は、【例文2.10】のようにその内容を「補足」として分離する方法があります。そうすれば、補足の内容は必要な読み手だけが目を通すという読み方ができます。

【例文2.10】
機器診断データヒストリアンとフィールド通信サーバーが別のコンピューターにインストールされている場合、双方のコンピューターのシ

ステム時刻を同期させる必要があります。システム時刻を同期させるには、インターネット経由でコンピューターをネットワークに接続する必要があります。

[補足]
機器診断データヒストリアンのインストールされたコンピューターでは、フィールド通信サーバーのインストールされたコンピューターよりシステム時刻が1分以上遅れている場合、データを正常に保存することができません。
PRMパッケージがインストールされたすべてのコンピューターのシステム時刻を同期させることを推奨します。

● URLを示す

　ネットで配信する文書であれば、【例文2.11】のように詳細情報はURLを指定して参照させる方法が適しています。詳細情報は必要とする人だけが参照するので、全体の効率に結び付きます。

【例文2.11】
発明考案取扱規則の詳細は、次のURLを参照してください。
http://abcgroup.jp.net/corpo/rule/

## 2.8 コンテキストを考えて文章量を減らす

　コンテキストとは、背景、前提、知識、体験、文化、価値観など、文章によるコミュニケーションを成立させるための書き手と読み手の共有情報または共通認識をいいます。コンテキストを考えることで文章量が変わります。

● ハイコンテキストとローコンテキスト

　読み手によって、コンテキストは変わります。読み手が、上司、同一チームのメンバー、あるテーマに関わっているプロジェクトメンバーのように、多くの共有情報や共通認識を持っている環境にあるのをハイコンテキストの状態といいます。

　ハイコンテキストの環境では共通性が高いので、そのような社会ではお互いに何を考えているのかを察し合うことができ、余分なことを言わなくてもコミュニケーションが成立します。

　一方、読み手が、社外、国外のように、共有情報や共通認識が少ない環境にあるのをローコンテキストの状態といいます。ローコンテキストの環境では、共有しているものが少ないため、コミュニケーションはそのことを十分に意識して行わなければなりません。

　コミュニケーションのとり方の代表的なものに、会話と文章があります。文章を書くときも、ハイコンテキストかローコンテキストかその中間かといったことを考えて行わないと、問題が生じたり無駄が生じたりします。

● コンテキストを意識する効果

　コンテキストを意識し、読み手が理解していることは書かない、または簡素化するという方針をとることで文書はスリム化します。このとき、読み手として想定するのは「書き始める前のルール」で述べたペルソナになります。

● **読み手が上司の場合は大幅に文章量を減らせる**

　一般に上司と部下は、最も大きいハイコンテキストの状態にあります。情報、習慣、各種の仕組み、業務の進め方など多くの事柄を共有しています。このような状況下で上司に提出する文書では、上司がすでに知っている情報は省略することで、文書をかなりスリム化することができます。

　たとえば、上司からの依頼で作る報告書であれば共有している情報が多く、課題についてもなぜその課題が生まれたのかについての背景は、お互いに理解していると考えられます。

　そうであれば、文書の中であらためて課題について詳細に記述する必要はなくなります。他の項目についても、同様の考え方で文章量を減らすことができます。

# Chapter 3

# 箇条書きを活用する

　箇条書きは、ビジネス文書に欠かせない要素です。項目を1つ1つ挙げていきたいときや手順を示したいときは、箇条書きを使います。箇条書きにすると情報が区切って示されるので、ポイントが明確になり理解しやすくなります。

　箇条書きには多くのパターンがあります。さまざまなパターンを理解し活用することで、表現の幅は広がります。

## 3.1　箇条書きで伝達効率を高める

　文章の中に複数の要点や互いに並列な関係の項目が含まれているときは、箇条書きが向いています。

　文書をわかりやすくするために、箇条書きの活用は欠かせません。箇条書きは、情報を整理したわかりやすい形にすることができるので、積極的に利用したい表現形式です。

### ● 箇条書きの効果

　箇条書きにすると、情報が文や単語の単位で示されるので、ポイントが明確になります。箇条書きは、要点を整理して示したいときや事柄を分類して示したいときなどに、特に効果的に利用できます。

　箇条書きにすることで、1つ1つ確認しながら読み進められるため理解しやすくなります。また、適度な空白も生まれるため、読み手の目に留まりやすく、注意が促される効果もあります。作業手順などを、順を

追って説明するときも、箇条書きが効果的に使えます。
　【例文3.1】の文には、複数の項目が含まれています。このような内容は箇条書きが向いています。【例文3.2】のように箇条書きにすることで、飛躍的にわかりやすくなります。

【例文3.1】×
発明には、会社の業務範囲に属する「業務発明」、発明をするに至った行為が社員の職務に属する「職務発明」、および業務発明のうち職務発明ではない「職務外発明」があります。

【例文3.2】○
発明には3とおりあり、それぞれの定義は次のとおりです。
・会社の業務範囲に属する場合は、「業務発明」になる。
・発明に至った行為が社員の職務に属する場合は、「職務発明」になる。
・業務発明のうち職務発明ではない場合は、「職務外発明」になる。

　【例文3.3】は、「外国公務員等」にはどのような人が含まれているのかを説明した文です。1つの文中に説明すべき項目が多数含まれているので、やはり箇条書きが向いています。【例文3.4】のようにすることで、見た瞬間に5つの項目があることがわかります。1項目ずつ読み進めることで、理解も深まります。

【例文3.3】×
「外国公務員等」とは、外国の政府または地方公共団体の公務に従事する者、外国政府関係機関の事務に従事する者、外国の公的な企業の事務に従事する者、国際機関の公務に従事する者、および外国政府等から権限の委任を受けている者をいいます。

【例文3.4】○
「外国公務員等」とは、下記の者をいいます。
① 外国の政府または地方公共団体の公務に従事する者
② 外国政府関係機関の事務に従事する者
③ 外国の公的な企業の事務に従事する者
④ 国際機関の公務に従事する者
⑤ 外国政府等から権限の委任を受けている者


● 箇条書きの活用

箇条書きは、次のような場合に効果的に利用できます。
・複数の要点をまとめて示したいとき
・複数の事柄を分類して示したいとき
・構成要素を示したいとき
・注意点を列挙したいとき
・手順を、順を追って示したいとき
・複数の条件・規則・制約などを示したいとき


● 箇条書きのポイント

箇条書きにするときのポイントを挙げると、次のようになります。
・全体を1つの主題でまとめ、異質の内容が紛れ込まないようにする。
・1項目1要点とし、簡潔に表現する。
・箇条書きの前に何に対する箇条書きかを示す文を記入し、読み手が何を記述した箇条書きかを認識しながら読み進めるようにする。
・項目数は、2つ以上とする。
・項目数が2桁にならないようにする。
　- 項目数が多いときはグルーピングしてグループ名をつける。
　- グループ名を上位として、2階層の箇条書きにする。
・各項目の行末の表現を統一する。

- 項目は、下記のような何らかの順に記述するとよい。
  - 重要な順
  - 時系列（手順、年代順など）
  - 読み手にとって興味が持てそうな順
  - わかりやすい順
  - 量による順（大きい順、多い順など）
  - 空間的な順（北から南へ、手前から奥へ、下から上へなど）
- 手順を示すときは、行頭に番号をつける。

　では、箇条書きのポイントについて、以下にさまざまなパターンを示しながらさらに詳しく解説しましょう。

## 3.2 箇条書きのパターンを使いこなす

箇条書きには多くのパターンがあります。各種のパターンを使いこなすことで、活用の幅が広がります。

箇条書きの11のパターンを以下に示します。

● **名詞を並べる箇条書き**

【例文3.5】は、何に関する箇条書きなのかを示す1文に続けて名詞を並べた箇条書きの例です。【例文3.6】は、名詞に形容句が付いた箇条書きです。名詞を並べるときは、【例文3.5】のパターンと【例文3.6】のパターンを混在させないようにします。

箇条書きには、行頭に「・」(中点)を付けます。「●」「✓」「➢」のような記号は強すぎるので、使用は避けるべきでしょう。

【例文3.5】
再生可能エネルギーを利用した発電には、次のようなものがある。
・太陽光発電
・水力発電
・風力発電
・地熱発電
・波力発電
・海洋温度差発電
・海流発電
・潮流発電
・バイオマス発電

【例文3.6】
イノベーションとは、新しいものを生産することあるいは既存のものを新しい方法で生産することである。イノベーションの例としては、次の

ようなものがある。
・創造的活動による新製品開発
・新生産方法の導入
・新マーケットの開拓
・新たな資源の獲得
・組織の改革

● **体言止めの文を並べる箇条書き**
　体言止めの文を並べる箇条書きもよく用いられます。体言止めにするときは、すべての項目に対してそうするのが基本です。【例文3.7】では、サービスに関する箇条書きのため行末がすべて「サービス」になっていますが、一般には異なる語句になります。
　【例文3.5】〜【例文3.7】に示すように、体言止めの場合は一般に行末に句点は付けません。

【例文3.7】
代表的なシェアリングサービスには、次のようなものがある。
・個人が所有する住宅の空き部屋等を宿泊場所として貸し出す民泊サービス
・個人が所有する自家用車に乗って目的地まで移動できるサービス
・個人に家事等の仕事・労働を依頼できるサービス
・個人が所有する場所を駐車場として利用できるサービス
・個人間で利用していない物を共有するサービス

● **「ですます調」の文を並べる箇条書き**
　「ですます調」の文を並べる箇条書きもよく使われる箇条書きのパターンです。行末はすべて「ですます調」で統一し、句点で閉じます。【例

文3.8】は、本文も箇条書きもすべて「ですます調」で表現した例です。

【例文3.8】
用紙をセットするときは、次の点に注意してください。
・折り目やシワが入った用紙は取り除いてください。
・最大セット枚数以上の用紙をセットしないでください。
・用紙の端が左右のツメの上に乗らないようにしてください。
・A4判以下の用紙は、給紙方向に対して横長の状態でセットしてください。
・A4判を超える用紙は、給紙方向に対して縦長の状態でセットしてください。

● 「である調」の文を並べる箇条書き
【例文3.9】は、「である調」の箇条書きの例です。この例文のように、本文が「ですます調」の場合であっても箇条書きを「である調」にすることは問題ありません。ただし、その場合は1つの文書内では同じ基準でそろえます。

【例文3.9】
パーソナルデータについては、情報通信技術の進展によって膨大なデータの収集・分析が可能になり、次のような課題が顕在化しています。
・個人情報に該当するかどうかの判断が困難な、いわゆるグレーゾーンが発生し拡大している。
・パーソナルデータを含むビッグデータの適正な利活用ができる環境整備が求められている。
・事業活動がグローバル化し、国境を越えて多くのデータが流通している。

● 項目名のあとのコロン（：）に続けて説明文を入れる箇条書き

　項目名のあとのコロン（：）に続けて説明文を入れる箇条書きは、行頭がキーワードになりコロンのあとに説明が続くのでわかりやすく効果的といえます。このように、すべての項目にキーワードが含まれるときはお勧めのパターンになります。コロンのあとに、名詞や体言止めの文を続ける場合もあります。
　【例文3.10】では、行頭の記号を省略しています。

【例文3.10】
環境安全委員会が各工場の電力モニター設置に関して検討した結果、次のように決まった。
長野工場：モニターを設置し電力使用状況をチェックする。
群馬工場：長野工場の結果を見て判断する。
静岡工場：当面設置しない。
福島工場：当面設置しない。

● 手順の説明などで連番を振る箇条書き

　手順の説明をしたいときや時系列に並べたいときのように、何らかの順番があるときは、(1)(2)(3)…、1. 2. 3.…、①②③…、のように番号を振ります。【例文3.11】は手順を示した箇条書きなので、(1)(2)…、と連番を振っています。
　番号の表現は、1つの文書内では統一して使います。数字の代わりに、(イ)(ロ)(ハ)…、(ア)(イ)(ウ)…、(a)(b)(c)…などを使うのは好ましくありません。
　本文が「ですます調」のとき、行末を「ですます調」または「である調」で統一するのは番号がつかない場合の箇条書きと同じです。

【例文3.11】
開錠時にチャイムが鳴らないようにしたいときは、次のように設定します。
(1) 電源ポジションをOFFにして、すべてのリヤゲートを閉めます。
(2) 運転席ドアを開けます。
(3) ロックスイッチを5秒以上長押しします。
(4) 電源ポジションをACCかONにします。

● 項目数を明示するために連番を振る箇条書き

　項目数を明確に示したいときも、項目に番号を振ることがあります。【例文3.12】は、全部で5つの研究課題があることを明確に示したいために番号を振っています。

　箇条書きの項目の一部を本文の中で呼び出したいときも、連番を振っておくと便利です。そうすることで、たとえば「3つ目の項目に関しては〜」の代わりに「③に関しては〜」と簡潔に表現することができます。

【例文3.12】
今年度は、次の5つのプログラムに関する研究課題を実施します。
① 重点領域型研究開発
② 若手ICT研究者育成型研究開発
③ 電波有効利用促進型研究開発
④ 地域ICT振興型研究開発
⑤ 国際標準獲得型研究開発

● 追い込みの箇条書き

　箇条書きにするためには、一定のスペースが必要です。そのため、十分なスペースが確保できないときは、【例文3.13】のような追い込みのパターンにすることがあります。他のパターンの箇条書きと比べるとわ

かりやすくはありませんが、番号がついているのでそうでない文と比べると読みやすくなっています。

このパターンは、「まえがき」のように、文章にある種の格調の高さが求められる場合にも使われます。

【例文3.13】
イノベーションの形態として、①創造的活動による新製品開発、②新生産方法の導入、③新マーケットの開拓、④新たな資源の獲得、⑤組織の改革の5つを挙げることができる。

● 項目名を示したあと、次の行に短い説明文を入れる箇条書き

【例文3.14】は小見出しと本文の組み合わせと見ることもできますが、箇条書きの一種と捉えることもできます。そう考えることで、箇条書きの活用の場が広がります。

【例文3.14】
次のような進め方で、文書の構成および記載項目を決めます。
1. 記載した項目のリストアップ
   収集した資料を基に、トップダウン方式で文書の記載項目を決める。
2. モジュール化
   元資料をボトムアップ方式で分類整理して、個々のモジュールに入る情報を明確にする。
3. モジュール間の構造化
   読者の立場に立って、モジュールの並び順、階層、見出しを決める。
4. 文書構成の検証
   構造化作業の結果、文書がわかりやすくなっているかどうか検証する。

● 1つの項目に複数の文を入れる箇条書き

【例文3.15】のように、複数の文で1つの項目とすることもあります。文の数は、できるだけ2文を超えないようにします。1文と2文の項目が混在するのは問題ありません。

この箇条書きのパターンは、1つの項目が長い文になってしまってわかりにくいときや、1文では表現しきれない場合に用います。

たとえば、【例文3.15】の「インクカートリッジは、個装箱に印刷されている期限までに使用してください。期限を過ぎたものをご使用になると、印字品質に影響を与える場合があります」を1文で表現すると、「期限を過ぎたものをご使用になると印字品質に影響を与える場合があるので、インクカートリッジは、個装箱に印刷されている期限までに使用してください」となって文が長くなりわかりにくくなります。

また、「いったんインクカートリッジを取り付けたあとは、次に交換するときまでインクカートリッジ固定カバーを開けないでください。もし開けた場合は、カートリッジにインクが残っていても印刷できない場合があります」は1文で表現すると長い不自然な感じの文になり、わかりにくくなります。

【例文3.15】
インクカートリッジの使用にあたっては、次の点にご注意ください。
・インクカートリッジは、取りつける直前に開封してください。開封した状態で長時間放置すると、正常に印刷できない場合があります。
・インクカートリッジは、個装箱に印刷されている期限までに使用してください。期限を過ぎたものをご使用になると、印字品質に影響を与える場合があります。
・いったんインクカートリッジを取り付けたあとは、次に交換するときまでインクカートリッジ固定カバーを開けないでください。もし開けた場合は、カートリッジにインクが残っていても印刷できない場合があります。

・インクが手などに付いてしまった場合は、すぐに石けんや水で洗い流してください。時間が経つと落ちにくくなります。
・インクカートリッジは分解しないでください。

●2階層の箇条書き

　項目数が2桁になると、読み手に項目数が多いという印象を与え、箇条書きの効果が薄れていきます。そのようなときは、箇条書きをいくつかのグループに分け、グループごとにグループ名を付けます。

　そのうえで、グループごとにそれに含まれる項目を記述するという書き方をします。そうすれば、全体が整理されわかりやすくなります。

【例文3.16】は、13項目の箇条書きが並んでいる例です。このように、2桁の箇条書きは読んでも頭に入りません。

【例文3.17】は、同じ内容を3つのグループに分けてわかりやすくしたものです。上位の3項目の箇条書きとそれらに含まれる下位の箇条書きの2階層になっていると見なすことができます。

　2階層の箇条書きの行頭記号は、一般に上位を「・(中点)」、下位を「-(ハイフン)」とします。箇条書きの行頭記号は「・」が基本ですが、2階層の箇条書きの場合は上位に「●」、下位に「・」が使われることもあります。

【例文3.16】×
ABCグループは、品質マネジメント、環境マネジメント、および労働安全性マネジメントについて、次のような取り組みを進めています。
・品質の向上
・品質保証体制の強化
・製品不良の低減
・温室効果ガス排出量の削減
・廃棄物発生量の削減

- 化学物質排出量の削減
- 省エネルギー
- 環境配慮型製品の拡販
- 作業環境の改善
- メンタルヘルスケア
- 車両事故の撲滅
- 労働災害の撲滅
- 職場危険源の改善

【例文3.17】○
ABCグループは、品質マネジメント、環境マネジメント、および労働安全性マネジメントについて、次のような取り組みを進めています。
- 品質マネジメント
    - 品質の向上
    - 品質保証体制の強化
    - 製品不良の低減
- 環境マネジメント
    - 温室効果ガス排出量の削減
    - 廃棄物発生量の削減
    - 化学物質排出量の削減
    - 省エネルギー
    - 環境配慮型製品の拡販
- 労働安全性マネジメント
    - 作業環境の改善
    - メンタルヘルスケア
    - 車両事故の撲滅
    - 労働災害の撲滅
    - 職場危険源の改善

● その他

　箇条書きを11のパターンに整理して示しましたが、工夫をすることでさらに箇条書きのパターンを増やすことができます。
　以下に、いくつかの例を示します。

　【例文3.18】は箇条書きに「→」を加えて、箇条書きの項目に補足説明を加えた例です。

【例文3.18】
［基本設定］ダイアログボックスの各項目を設定します。
① セットした用紙に合わせて、［用紙の種類］を選択します。
　　→ユーザーズガイドp.19
② モード設定のプリセットメニューを利用して印刷品質を向上させます。
　　→ユーザーズガイドp.26

　【例文3.19】は、2つのパターンを組み合わせた2階層の箇条書きです。通常の箇条書きに、コロン付き箇条書きを組み合わせています。
　このような、2つのパターンを組み合わせた箇条書きはほかにもあります。たとえば【例文3.20】のように、番号がついた箇条書きと通常の箇条書きを組み合わせて2階層にすることもあります。

【例文3.19】
登録名を［用紙サイズ名］に入力し、登録したい［用紙幅］と［用紙長さ］を入力してから、［保存］ボタンをクリックします。
・数値の単位は、［0.1ミリ］または［0.01インチ］のどちらかを選択できます。
・削除する場合は、リストからサイズ名をクリックして選択し、［削除］ボタンをクリックします。

・指定できる用紙サイズの範囲は、次のとおりです。

　用紙幅：18.1〜112.4cm

　用紙長さ：18.1〜230.0cm

【例文3.20】

変更する場合は、次の手順で行ってください。

1. 電源ポジションをOFFにして、すべてのドアを閉めます。
2. 運転席ドアを開けます。
3. 運転席ドアを開けてから、1分以内にキーのロックスイッチを5秒以上長押しします。
4. 次のいずれかを行って、設定の変更を終了します。

　・電源ポジションをACCにする。

　・運転席ドアを閉める。

　・リヤゲートを開ける。

　・10秒間キーの操作をしない。

　・リクエストスイッチを押す。

Part 2

# 読み手のアクションを促す

文書作成の基本の2つ目は、読み手に返信など速やかなアクションを促すことです。この点が不十分だと文書によるやり取りはうまくいきません。常に、読み手を意識した文書を作らなければなりません。

# Chapter 4

# スルーされないようにする

　文書の意図するところが読み手に的確に伝わり、返信など速やかなアクションに結び付けることは極めて大事です。

　読み手に配慮すれば、それは必ず良い形で書き手に返ってきます。そして、書き手の生産性を押し上げます。読み手が社内の人であれば、会社や組織全体の生産性は倍増します。

## 4.1 読み手に配慮する

　読み手の気持ちに配慮した書き方をすることで、読み手にスルーされることなく必要なレスポンスを迅速に得られるようになります。

### ● 常に読み手を意識する

　常に、読み手の立場や考え、行動などを意識した文書を作らなければなりません。そのような配慮をすることで、求める反応がすばやく得られるようになります。

　このような姿勢を保つことは、文書によるやり取りの生産性を押し上げます。読み手が社内の人であれば、会社や組織全体の生産性は倍増します。読み手が文書の意図するところを的確に読み取って気持ちよく仕事を進められるようになる効果は大きいといえます。

● **感情や意志をストレートに出さない**

　駅や公園、図書館などの公共の場の張り紙について、よく「〜しないでください」という表現よりも、「いつも〜していただいてありがとうございます」のような表現のほうが効果があるという話を聞きます。

　文書も同じです。書き手の感情や意志をあまりストレートに出さないように気を付けます。図4.1の文書は、PCの適切な使い方に関する社内連絡文書です。たしかに、一部の人にPCの不適切な使い方があったようです。しかし、読み手の注意を促すためには、このように書き手の言いたいことを冒頭でいきなりストレートに表現して、読み手の反発を招くようなことがないように注意しなければなりません。

　図4.2は図4.1と同じ内容の文書ですが、起承転結の構成にして最初に情報セキュリティ強化の施策に対する感謝の言葉を述べています。そして、PCの適正使用についての協力を要請する文章は最後に記述しています。

　読み手の気持ちを考えて、あえて結論を最後にもってきています。このような展開の仕方をすれば、読み手はPCの適正使用に協力しようという気持ちになるのではないでしょうか。

**図4.1** 読み手に対する配慮が不足している文章

PCユーザー各位

情報管理部長　小川真智

## PCの適正使用の徹底について

　会社貸与のPCの不適正な使用を行わないよう、PCの適正使用の重要性を認識いただき、PCユーザーの皆様のご理解とご協力をお願いします。なお、会社貸与のPCは会社の業務用インフラであり、情報セキュリティの観点からもPC操作記録のチェックを常時行うなど、個々のPCは会社の監視対象になっていることにご留意ください。〕冒頭でいきなり注意喚起

　PCの適正使用については、解析結果に基づき今年の4月1日付け業務連絡でお願いをしています。しかし今回、その後の改善状況の調査のため、6月〜8月の解析結果を精査したところ、一部で明らかに業務目的以外と判断される使用が見られることが確認されました。これらの不適正な使用に対しては、当該者にメールで厳重注意を行うと共に、その上司の方にもメールで適切な指導をお願いしました。

　皆様がよく理解されているように、会社が貸与しているPCは会社の設備であり業務遂行のためのツールです。したがって、PCは社規および関連諸規則にのっとって使用することが義務付けられています。会社貸与PCの業務外利用など会社資産の不適切な使用が確認された場合は、就業規則に従って相応の処分が科されることがありますので、注意されるようお願いします。

**図4.2　感謝の言葉から始まっている文章**

PCユーザー各位

情報管理部長　小川真智

### PCの適正使用の徹底について

　日頃から、PCの適正な使用による情報セキュリティ強化施策へのご協力をいただきありがとうございます。皆様のご協力によって、会社における情報セキュリティに対する意識・理解は格段に高まっています。　← 感謝の言葉から始まっている

　皆様がよく理解されているように、会社が貸与しているPCは会社設備であり業務遂行のためのツールです。したがって、PCは社規および関連諸規則にのっとって使用することが義務付けられています。会社貸与PCの業務外利用など会社資産の不適切な使用が確認された場合は、就業規則に従って相応の処分が科されることがありますので、注意されますようお願いします。

　今年の4月1日付け業務連絡で、解析結果に基づくPCの適正使用をお願いしました。今回、その後の改善状況の調査のため、6月〜8月の解析結果を精査したところ、一部で明らかに業務目的以外と判断される使用が見られることが確認されました。これらの不適正な使用に対しては、当該者にメールで厳重注意を行うと共に、その上司の方にもメールで適切な指導をお願いしました。

　会社貸与のPCは会社の業務用インフラであり、情報セキュリティの観点からもPC操作記録のチェックは引き続き行っています。皆様には、PCの適正使用について、その重要性を認識いただき、ご理解とご協力をお願いします。

## 4.2 読み手を考えることで書き方が変わる

　読み手を明確に意識することができるかどうかで、文章の書き方が変わってきます。何を書き何を省くか、使う用語はどうするかなど、文書は、読み手が誰かによって書き方や内容が変わります。

● **読み手のアクションを考える**
　読み手の予想されるアクションも考えなければなりません。どう書けばどんなアクションが得られるかを考えることで、過不足のない目的を達成しやすい文書にすることができるようになります。
　文書は、読み手に何らかのアクションを求めるのが普通です。一方的な情報伝達であっても、書き手は伝えた情報が何らかのアクションに結び付くことや何らかのアクションをとるうえで参考になることを期待しているはずです。そのことを意識することで、書き方も変わってきます。

● **理解してほしいものは何かを考える**
「読み手が知らないことを伝える」という基本的なことを、書き手は往々にして意識しないことが多いようです。文章を書く際には、文章は伝わりにくいものだという前提に立ち、読み手にわかってもらうにはどう書けばよいかを考えることが大事です。
　読み手のすばやいアクションに結び付くようになれば、業務のパフォーマンスが向上します。そのためには、読み手に何を理解してほしいのかを考えます。

● **期限や目的を明記する**
　返信が必要なときは、期限を明記しましょう。たとえば、「至急お願いします」では解釈に幅が生じるので「○月○日17時までにお願いします」のような書き方にします。
　文書の目的を読み手に伝えることも効果的です。図4.3は、何のため

に文書を発行したのかその目的を主文の中で記述した例です。

図4.3 主文で示した目的

```
                                    2019年2月1日
経営管理委員会メンバー各位
                                市場調査部　鈴木太郎
              A社の商品開発について

　標記テーマについて調査しましたので、ご報告します。次回の経営
管理委員会で、当社の商品開発の問題点を議論する際の参考資料とし
てご一読ください。


                    記
1. 調査の主旨
　先月の経営管理委員会で、A社はなぜ成熟した市場でヒット商品を
生み続けているのかが話題に上ったので、その背景を探るために調査
を行った。

2. 調査方法
　報告書の内容は、主にA社に詳しい日本食品産業新聞のB記者、C
記者へのヒアリングに基づくものである。

3. 調査結果の概要
　（以下、省略）
```

〔主文の中で、文書の発行目的を記述〕

● 読み手は何を期待しているか
　文書は、書き手の考えを一方的に伝える手段ではありません。読み手が、どんな期待を持って読むのかを考えることも必要です。

読み手の課題を把握し、一方的な内容にしないことが必要です。そうすることによって、書くべき内容・範囲・難易度が変わります。

　たとえば、上司から「X社は成熟した市場でヒット商品を連発しているが、その背景について調査し報告書にまとめてほしい。この報告書は経営管理委員会のメンバーに、当社の商品開発の問題点を議論する際の参考資料として使ってもらうつもりだ」と言われたとします。上司の言い方は漠然としていますが、言われたことを一通り調べて提出するだけでは不十分です。

　上司は、報告書にどんなことが書かれていれば満足するでしょうか。報告書は、上司が期待していることは何かを十分に考えたうえでまとめなければなりません。

　報告書は経営管理委員会のメンバーに提供するといっているので、読み手は上司だけではありません。会社経営に深く関わっている人たちが求めていることも、考えなくてはなりません。このように、読み手の期待に対する十分な考察があって、はじめて本当に役に立つ文書の作成に結び付くのです。

**Chapter 5**

# メールのやり取りを効率化する

　メールは多くの場合、相手に何らかのアクションをとってもらうことを前提にしています。ここでは、読み手がすばやく応答できるように配慮したメールの書き方を中心に解説します。

## 5.1 メールの書き方の鉄則

　誰もが日々多くのメールをやり取りしています。メールの利用をさらに効果的に行うために必要ないくつかの事柄を示します。

### ● テーマ、目的、読み手の明確化は紙文書と同じ

　メールにもテーマ、目的があり、読み手がいます。これらを明確にすることは紙文書と同じです。

　テーマを明確に意識することで、適切な件名になります。また、脇道にそれたり余分なことが含まれたりしない本文になります。

　何のためにメールを送るのかという、メールの目的を明確に意識することも大事です。それが不明確であれば、読み手にメールの意図や要望がうまく伝わらなくなります。目的は、メールである内容を通知することではありません。メールを読んで書き手が意図するアクションをとってもらうことが目的です。

　読み手によって、書き方も変わります。「この情報はすでに送ったことがあるので省いても問題はないだろう」とか、「この部分は初めて知らせるので詳しく書こう」といった判断ができるようになります。行き

違いや無駄のないメールを送るうえで、読み手を意識することは欠かせません。

● **件名は具体的に記す**

　受信者は、受け取ったメールの件名を見てどんなメールか判断します。不適切な件名の場合、すぐには読んでもらえなかったり後回しにされたりすることがあります。後日、メールを読み返したいと思ったときも、件名が不適切だと探しにくいという問題が起こります。

　読み手にすぐ読まれる具体的な件名にします。【例文5.1】のような件名では、忙しい相手はすぐには読まないかもしれません。【例文5.2】のように、できるだけキーワードを含んだ具体的な件名にして、用件が何であるかが伝わるようにします。

　件名が具体的であれば、保存しておいたメールの中から必要なものを探しやすくなり、後日いつでも必要なときに内容を確認することができます。

　具体的な件名といっても、あまり長いと読みにくくなります。長くても、20字前後にとどめるようにしましょう。

【例文5.1】×
お願いの件
議事録
お知らせ
提案

【例文5.2】〇
A社向け提案書作成のお願い
環境保全委員会（2019/02/01）議事録
品質保証リーダー会議延期のお知らせ
月報提出ルールの改善に関する提案

特に重要なメールや緊急を要するメールは、【例文5.3】のように件名に「重要」「緊急」のような文字を、目立つように入れることがあります。すぐ読んでもらいたいときに有効です。ただし、それほど重要でないものや緊急性のないメールにもこれらの文字を頻繁に使っていると、本当にそうであるときに信用してもらえないということになりかねません。乱用は控えましょう。

【例文5.3】
明日、新聞発表します【重要】
【至急】本日のQC会議開催時間変更
★緊急連絡★本日18時PL委員会開催


● **大事なことや結論は最初に示す**
　大事なことや結論は最初に記述して、効率よく情報が伝わるようにします。読み手に、メールの目的をすばやく理解してもらうことが必要です。続いて、背景や理由、具体的な内容を記述します。
　背景や条件を理解してから結論を読んだほうがわかりやすいときは、結論をあとにすることもあります。紙の文書と考え方は同じです。
　【例文5.4】のメールは、大事なことが最後に出てきます。【例文5.5】のメールは、大事なことを最初に記述しています。大事なことや結論は、最初に示すのが基本です。そうすることで、短時間で必要な内容が伝わるようになります。

【例文5.4】×
件名：会費お振り込みのお願い

いつもお世話になっております。

A会の会計担当佐々木です。

年会費ですが、最後の方のお振り込みをいただくまで、年会費の事務作業が収束せず、今年度の名簿も発行できません。
また、次の段階では往復ハガキによる督促をさせていただくことになり、余分な費用が発生してしまいます。

今年度の年会費のお振り込み期限（4月20日）は過ぎておりますが、まだ半数近くの方からお振り込みをいただいておりません。
期限を5月10日まで延長しますので、早めのお振り込みにご協力ください。

よろしくご協力をお願いします。

【例文5.5】〇
件名：会費お振り込みのお願い

いつもお世話になっております。

A会の会計担当佐々木です。

今年度の年会費のお振り込みは、4月20日までにお願いしていましたが、まだ半数近くの方からお振り込みをいただいておりません。
期限を5月10日まで延長しますので、早めのお振り込みにご協力ください。

最後の方のお振り込みをいただくまで、年会費の事務作業が収束せず、今年度の名簿も発行できません。
また、次の段階では往復ハガキによる督促をさせていただくことになり、

余分な費用が発生してしまいます。

よろしくご協力をお願いします。

● 1つのメールで1つの用件を記述する
　ある用件に関する件名なのに、読んでみたら別の用件が含まれていたというのでは、読み手は混乱します。後日、検索して読み直したいとき、必要なメールを探しにくいという問題も起こります。1つのメールで1つの用件を心掛けましょう。
　【例文5.6】の件名は「『環境家計簿』の参加者募集について」ですが、途中から「銀杏通り清掃参加」の話になっています。このように、区別して扱うべきテーマが一緒になっていると、読み手は混乱します。
　返信も混乱します。「銀杏通り清掃参加」の件で返信したときの件名は、「Re：『環境家計簿』の参加者募集について」となって、つじつまが合いません。
　【例文5.7】【例文5.8】のように、2つのメールに分けて別々に発信すれば、このような事態を避けられます。

【例文5.6】×
件名：「環境家計簿」の参加者募集について

本日から始まりました環境週間の一環として、「環境家計簿」の参加者募集を行います。
「環境家計簿」については、2010年から多くの方に実施いただいております。今年度も、新たに実施される方の募集を行います。
皆様の積極的な参加をお願いします。

● 参加要領

「環境家計簿」への参加要領は、下記URLを参照してください。

　http://goweb.jp.xyz.net/eco/ecoweek/kakeibo/index.html

それから今年度も、「銀杏通り清掃」を落ち葉がピークを迎える時季に合わせて、次のように行います。
環境貢献の観点から、皆様の積極的な参加をお願いします。

（中間省略）

●以上に関する問い合わせ先
地球環境推進室　大井翔子（e-mail：shoko.ohi@xyzsolutions.co.jp）

【例文5.7】○
件名：「環境家計簿」の参加者募集について

本日から始まりました環境週間の一環として、「環境家計簿」の参加者募集を行います。
「環境家計簿」については、2010年から多くの方に実施いただいております。今年度も、新たに実施される方の募集を行います。
皆様の積極的な参加をお願いします。
（以下、省略）

【例文5.8】○
件名：「銀杏通り清掃」に参加しましょう

今年度も、落ち葉がピークを迎える時季に合わせて、「銀杏通り清掃」を次のように行います。
環境貢献の観点から、皆様の積極的な参加をお願いします。
（以下、省略）

● 宛先を絞りTO、CCは必要な人だけに送る

　複数の人に宛てて送信する場合は、あまり関係のない人に送信するのはやめましょう。読み手の負荷を少しでも減らす配慮が必要です。

　CCも同じです。参考までに送るメールであっても、相手は一応目を通すことになります。あまり関係のない人に送信することがないように注意しましょう。

　CCを含んだ多くの人に宛てたメールの返信のときは、送信者だけに送ればよいのか全員に送らなければならないのかを考えます。返信メールを全員に宛てて送らなくてもよい内容であれば、返信は送信者だけにとどめましょう。

● BCCを適切に使う

　BCCの機能はCCに似ています。しかし、BCCの受信者が誰なのかが、TOやCCで送られた人にも、BCCで送られた人にもわからないという違いがあります。この機能を生かした、2通りの使い方があります。

　1つは、送信するメールの内容を直接の当事者ではない誰かに内緒で知らせておきたいときに使う方法です。たとえば、顧客に送った大事なメールを上司にもBCCで送っておけば、上司は部下から説明がなくてもその内容を把握できます。

　もう1つは、互いに面識のない複数の人に宛てたメールアドレスを、互いに知ることがないようにしたいときに使う方法です。そうすることで、個人情報の一種であるメールアドレスが、面識のない人に漏れる心配はなくなります。

　なお、受信者全員にBCCを使うときは、「本件はBCCでお送りしています。」のような文でそのことを伝えるようにします。

● 署名をつける

　メールには、署名と呼ぶ差出人の氏名やメールアドレスが入った文字列をメール文の最後に付けます。

社内メールの場合は、【例文5.11】のように部署名や内線番号、ロケーションコードなどを入れます。電話で問い合わせたいときに対する配慮です。何かが社内便で送られてくることも考えて、ロケーションコードも忘れないようにします。

　社外メールの場合は、【例文5.12】のように署名に会社名、所属、電話番号、ファクス番号、郵便番号、住所などを入れます。緊急の問い合わせで電話を使いたいときや、何かを郵送したい場合に対する配慮です。会社のホームページのURLを入れることもあります。

　そのほか、ちょっとしたメッセージを入れたり自己PRをしたりというように、いろいろな利用法が考えられます。ただし、署名の行数は、一般には4～5行、多くても6～8行にとどめるようにします。

　署名は、社内用、社外用、海外用など複数を登録しておいて使い分けます。

● メール向きのフレーズを知る

　メールに向いたフレーズがあります。基本的なフレーズを理解しておけば、メールを書く都度、よく使われているフレーズで迷うことがなくなります。主に社外メールで使われる代表的なものを、【例文5.9】に示します。また、使わないほうがいいフレーズをNGとして示します。NGの例は、親しい間柄であれば気にならないかもしれませんが、一般的には使わないほうがいいでしょう。

【例文5.9】
・感謝
恐縮です。／恐れ入ります。／痛み入ります。（NG：すみません。）
お気遣い／お心遣い／ご配慮

・打診、依頼、確認
恐れ入りますが～／恐縮ですが～／お忙しいところ～／もしよろしけれ

ば〜／お手数ですが〜／お手をわずらわせますが〜／〜いただくことは可能でしょうか。
ご都合はいかがでしょうか。／いかがでしょうか。（NG：どうですか。）
よろしいでしょうか。（NG：よいですか。／よろしかったでしょうか。）
お願い申しあげます。

・返答
ご返答いたします。（NG：ご返答させていただきます。）
ご説明申しあげます。／お待ちいただけますでしょうか。

・承諾
承知いたしました。／承りました。（NG：わかりました。）
異存ございません。／問題ございません。（NG：構いません。／了解です。）

・拒否、反論
残念ながら〜／残念ですが〜／あいにく〜
ご遠慮ください。／〜しかねます。／難しい状況です。（NG：無理です。）
存じておりません。（NG：知りません。／聞いていません。）
確かに〜ですが〜／大変失礼とは存じますが〜／〜には及びません。

・お詫び
申し訳ありません。／申し訳ございません。（NG：すみません。／ごめんなさい。）
ご迷惑をおかけしました。／失礼いたしました。

・提案、案内
〜してはいかがでしょうか。／お役に立てば幸いです。（NG：どうでしょうか。）

・文末

〜いたします。／〜と存じます。／〜でございます。

● 表現に気を配る

　書き言葉は、口で言うよりもきつく感じられます。どんな表現が命令口調に感じられるのか、強い響きを持っている言葉や威圧的と捉えられる言葉にはどんなものがあるのかを知り、やわらかい表現を使うように心掛けましょう。特に、社外メールでは気を付けなければなりません。【例文5.10】に、強く感じられる言葉と言い換えた言葉の例を示します。

【例文5.10】
〜してください。
↓
〜をお願いできますでしょうか。／〜をお願い（いた）します。／〜していただけましたら助かります。／（恐れ入りますが）〜していただけませんでしょうか。／〜していただけませんか。

〜を確認してください。／〜をご確認ください。
↓
〜のご確認をお願い（いた）します。

検討してください。
↓
ご検討のほど、よろしくお願い（いた）します。

いいでしょうか。
↓
いかがでしょうか。よろしいでしょうか。

わかりました。
↓
承知（いた）しました。かしこまりました。

よければ〜
↓
お差し支えなければ〜

すみません。
↓
申し訳ありません。申し訳ございません。

ご連絡ください。
↓
ご連絡いただけますでしょうか。ご連絡いただけましたら幸いです。

了承いたしかねます。
↓
（申し訳ありませんが）了承することは困難です。

## 5.2 メールをすばやく書く

メールの書き方のパターンは、ほぼ決まっています。メール特有の書き方もあります。これらのことを理解し、すばやく書けるようにしましょう。

● **フォーマットは決まっている**

メールのフォーマットは、ほぼ決まっています。最初に宛名、次いで発信者名を記述します。社内メールであれば、そのあと挨拶抜きでいきなり用件に入ってもかまいません。社外メールでは、「いつもお世話になっております」程度の軽い挨拶文を入れます。

用件の書き方には、特にこうしなければならないというものはありません。用件の記述が済んだら、「よろしくお願いいたします」（社外メール）、「よろしくお願いします」（社内メール）程度の末文を入れます。最後に、署名を挿入します。

メールの定型部分には時間をかけないようにし、本文は用件の内容が伝わるように気を付けながら書きます。

● **社内メールの例**

【例文5.11】に社内メールの例を示します。この例は、ライン部長に宛てた業務連絡で、宛名を書いていません。

---

【例文5.11】
件名：暖房運転開始日のお知らせ

---

TO：ライン部長経由全社員
CC：関連会社総務部長
FROM：総務部長　笹田遼平（担当：大野）

標題の件、本年度は下記のように実施します。
今冬の気温は平年より低いとの天気予報によって、開始時期を昨年よりも約1週間早めています。
開始日まで若干寒い日があるかもしれませんが、各自、衣服の調整等で対応されますようお願いします。

暖房期間：12月3日（月）～3月29日（金）
暖房時間：営業日の8:00～17:00
関連事項：
・業務上の特別な事情で上記以外の時間帯に暖房運転を希望する場合は、ライン部長経由で、前日までに下記担当にご連絡ください。
・パッケージタイプの独立暖房設備を利用している職場は、上記に準じて自主的に運転管理をお願いします。
・暖房機器の不具合については、営繕課の三木（akira.miki@abcxyz.co.jp、内線：1234）へ直接ご連絡ください。

担当：総務部総務課　大野　正（tadashi.ohno@abcxyz.co.jp、内線：5678）

\*\*\*\*\*\*\*\*\*\*\*\*\*\*\*\*\*\*\*\*\*\*\*\*\*\*\*\*\*\*\*\*\*\*\*\*\*\*\*\*\*
総務部総務課　大野　正
内線：5678　ロケーション：M10-1F
E-mail：tadashi.ohno@abcxyz.co.jp
\*\*\*\*\*\*\*\*\*\*\*\*\*\*\*\*\*\*\*\*\*\*\*\*\*\*\*\*\*\*\*\*\*\*\*\*\*\*\*\*\*

　社内メールでも、個人宛の場合は宛名を書きます。宛名の書き方は特に決まったものはありませんが、個人名を宛名にするときは次のようにします。発信者名は、部署名と苗字を記します。

総務部　笹田様、新井様
人事部の沢井です。

続いて主文（用件）を記述し、最後に「よろしくお願いします。」程度の末文を入れます。

● **社外メールの例**

【例文5.12】に社外メールの例を示します。社外メールは、社内とは違った気配りが必要になります。

受信者名と発信者名を最初に記載するのは社内メールと同じですが、【例文5.12】のように正式社名や姓名を記入するのが原則になります。何度もやり取りを重ねて相手との距離が近づいたと感じたら、「株式会社」や肩書、姓名の「名」を省略することもあります。

社外メールでは、前文が必要です。【例文5.12】では丁寧な例を示していますが、通常は「いつもお世話になっております。」「いつもお世話になりありがとうございます。」程度の表現でもかまいません。

最後に、「よろしくお願いいたします。」「用件のみにて失礼いたします。」のような末文を入れます。

【例文5.12】
件名：事務所移転のご案内

株式会社ABCフーズ　購買部長　赤坂澄夫様

XYZソリューションズ営業2部の大井玲子でございます。
平素より格別のご愛顧を賜り誠にありがとうございます。

さてこのほど、弊社立川支店は業容拡大に伴い、下記のとおり
武蔵野市に移転し、3月1日から営業を開始することになりました。

なお近日、改めて移転のお知らせの文書をお送りいたします。

移転を機に、業務に一層邁進する所存です。
今後とも、倍旧のご愛顧を賜りますよう、謹んでお願い申しあげます。

新事務所は、JR三鷹駅から徒歩3分です。お近くにおいでの節は、
ぜひお立ち寄りください。

まずは、事務所移転のお知らせまで。

[新住所]
〒180-0000 東京都武蔵野市〇〇町1-2-3　三鷹ビル3F
URL：http://www.xyzsolutions.co.jp/corporate/operation/.htm#shiten
[新電話番号]
0422-11-＊＊＊＊
[新FAX番号]
0422-11-＊＊＊＊

※2月28日までは、現住所で営業しております。

＊＊＊＊＊＊＊＊＊＊＊＊＊＊＊＊＊＊＊＊＊＊＊＊＊＊＊＊＊＊＊＊＊＊＊
XYZソリューションズ株式会社　営業2部　大井玲子
[新住所]
〒180-0000 東京都武蔵野市〇〇町1-2-3　三鷹ビル3F
TEL：0422-11-＊＊＊＊　　FAX：0422-11-＊＊＊＊
E-mail：reiko.ooi@xyzsolutions.co.jp
＊＊＊＊＊＊＊＊＊＊＊＊＊＊＊＊＊＊＊＊＊＊＊＊＊＊＊＊＊＊＊＊＊＊＊

● 件名は変えずに返信する

　返信のとき、相手が書いた件名には自動的に「Re:」が付いて、相手に返信であることがわかるようになっています。このとき、件名が適切でなかったり返信の内容と合わなかったりしても、手を加えないでそのままにしておきます。そうすることで、相手はどのメールに対する返信なのかをすばやく判断できます。

　また、受信メールの文面は原則として残します。そうすることで、相手は何のメールに対する返信なのかをすぐ判断することができます。

　大事なメールに対してすぐ返事ができないときは、いつ返事するか伝えましょう。

● 引用して返信する

　返信するとき、相手からの問いの文面を利用できるときは引用して入力の手間を省くようにします。複数の問いがあるときは、引用と返信を交互に繰り返します。引用部分には、引用したことがわかるように「>」のような記号が行頭に表示されるようにします。引用していない箇所は、削除したほうがわかりやすくなります。

　相手のメール文を引用した場合、返信メールの行頭に「>」のような記号が自動的に付くように設定しておくと便利です。そうすることで、相手のメールと返信メールが見分けられるので、複数の問い合わせに対する返信もわかりやすくなります。

　【例文5.13】は、問い合わせに対する返答を最初にまとめた例です。問いと答えが対応していないので、わかりにくくなっています。

　【例文5.14】は、個々の問いに対してそれぞれ答えを示してわかりやすくしている例です。

　引用するときは、引用するメール文の中身を変えずにそのまま引用します。空白行を埋めたり、行数が多いときに不要な行を削除したりするのはかまわないのですが、引用文の一部の文字を勝手に書き換えたり、引用文に文字を追加したりするのは許されません。

【例文5.13】×
お尋ねの件、下記のとおりです。
よろしくお願いいたします。

胸名札は、社員証で結構です。
マイクは、ワイヤレスでなくてもかまいません。
テキストは、持っている方だけ持参いただくということでかまいません。
持参しない方に、別途用意して配付いただく必要はありません。

> ● 胸名札
> 社員証（顔写真・名前入り）でもよいでしょうか。
> ● ピンマイク（またはハンドマイク）
> ワイヤレスではないマイク（スピーカーとケーブルでつながっている
> マイク）でもよいでしょうか。
> ● 「論理思考」のテキスト
> 受講人数分必要でしょうか。あるいは、持っている社員だけ持って
> くるということでよいでしょうか。

【例文5.14】○
お尋ねの件、下記のとおりです。
よろしくお願いいたします。

> ● 胸名札
> 社員証（顔写真・名前入り）でもよいでしょうか。　　　相手の文を引用

胸名札は、社員証で結構です。

> ● ピンマイク（またはハンドマイク）
> ワイヤレスではないマイク（スピーカーとケーブルでつながっている　　　相手の文を引用

> マイク）でもよいでしょうか。　←相手の文を引用

マイクは、ワイヤレスでなくてもかまいません。

> ●「論理思考」のテキスト
> 受講人数分必要でしょうか。あるいは、持っている社員だけ持って
> くるということでよいでしょうか。　←相手の文を引用

テキストは、持っている方だけ持参いただくということでかまいません。持参しない方に、別途用意して配付いただく必要はありません。

● 受信メールを利用する

　返事を1つだけ書けばよい返信メールでは、「下記内容につきましては〜」「下記内容、承知しました」「下記日時は〜」のように、受信メールをできるだけ利用します。そうすることで、無駄を省きメールを書く時間の短縮を図ります。
　【例文5.15】は、相手のメールを引用していますが、同じような内容の文を繰り返し記述しており、効率的とはいえません。【例文5.16】は、「下記の件、承知いたしました」と簡潔な表現で返信メールを書いています。

【例文5.15】×
XYZ株式会社　大田繁美様

ビジネスコミュニケーションスキル研究所の永山です。

いつもお世話になっております。
> 調整の結果、第4回市場調査ワーキンググループは下記日程で開催

> したく存じます
>
> 日程：2月1日（金）15:00～17:00
> 場所：弊社大門オフィス　会議室Ａ
> 内容：2018年度後期市場調査の進捗状況

承知いたしました。

> 再度のご案内となり恐縮ですが、当日、市場調査に関する調査票を
> 整理いただいたものをご持参くださいますようお願いいたします。

承知いたしました。

> 何かご意見等ございましたら、前日までにご連絡いただきましたら
> 幸いです。

承知いたしました。

> ご多忙のところお手数をおかけいたしますが、なにとぞよろしく
> お願い申しあげます。

こちらこそよろしくお願いいたします。

【例文5.16】〇
XYZ株式会社　大田繁美様

ビジネスコミュニケーションスキル研究所の永山です。

いつもお世話になっております。

下記の件、承知いたしました。
取り急ぎ。


> 平素より大変お世話になっております。
> XYZ社の大田でございます。
>
> 標記につきまして、早々にご都合をお知らせいただきありがとう
> ございました。
> 調整の結果、第4回市場調査ワーキンググループは下記日程で開催
> したく存じます
>
> 日程：2月1日（金）15:00〜17:00
> 場所：弊社大門オフィス　会議室A
> 内容：2018年度後期市場調査の進捗状況
>
> 再度のご案内となり恐縮ですが、当日、市場調査に関する調査票を
> 整理いただいたものをご持参くださいますようお願いいたします。
>
> 何かご意見等ございましたら、前日までにご連絡いただきましたら
> 幸いです。
>
> ご多忙のところお手数をおかけいたしますが、なにとぞよろしく
> お願い申しあげます。

## 5.3 読み手が対処しやすいように書く

　メールは、読み手が短時間で読んで、すばやく対処できるような配慮が必要です。そのためには、できるだけ短い文章にしたり、メールの特性を考えた工夫をしたりすることが求められます。

### ● 読み手に面倒くさそうと思わせない

　文字がギッシリ詰まっていて読みにくそうなメールや、何をしてほしいのかよくわからないようなメール、前置きが長く大事なことが最後に出てくるようなメールは、迅速なやり取りが必要なメールでは問題があります。迅速なレスポンスを得るためには、読み手に面倒くさそうと思われない書き方が必要です。

### ● より簡潔で読みやすい文にする

　簡潔な文は紙の文書でも要求されますが、メールは画面上で読むため、紙の文書よりもさらに簡潔に読みやすく書くことが求められます。段落は見やすくし、箇条書きも積極的に利用して読みやすくします。また、文章は30～35字で改行して読みやすくします。
　多くの仕事を抱えるビジネスパーソンには、要領が悪いわかりにくいメールを丹念に読んでいく余裕はないと考えましょう。

### ● 疑問を感じさせない

　何を要求されているのか、メールの目的が伝わるように書きます。たとえば、「AとBについて、どちらを採用すべきか今週中にお知らせください」のような書き方にすれば明快です。そうすることで、すばやく対応してもらえるようになります。

### ● 段落をわかりやすくする

　【例文5.17】は2つの段落が設けられた文章ですが、このような段落の

表現は読みやすくはありません。【例文5.18】は、段落間を1行空けてところどころで段落内で文を改行しています。各段落の文の数も少なくしています。このようにすれば段落をはっきり認識できるようになり、わかりやすくなります。

【例文5.17】
会場の予約ですが、12人用の小会議室を予定しています。それより大きくなると、次は40人収容の会議室になります。それでは広すぎるのですが、中間の大きさはないそうです。ちなみに、12人用の小会議室は料金2,000円（楕円卓）または3,000円（円卓）です。40人用の会議室は6,000円です。
12人用だと、イスも12脚しかないので、13人以上集まったときは立ち見になります。余裕のなさが、少し気になります。現在の申込者は10人なので、定員オーバーになる可能性があります。

【例文5.18】
会場の予約ですが、12人用の小会議室を予定しています。それより大きくなると、次は40人収容の会議室になります。
それでは広すぎるのですが、中間の大きさはないそうです。

ちなみに、12人用の小会議室は料金2,000円（楕円卓）または3,000円（円卓）です。40人用の会議室は6,000円です。

12人用だと、イスも12脚しかないので、13人以上集まったときは立ち見になります。
余裕のなさが、少し気になります。現在の申込者は10人なので、定員オーバーになる可能性があります。

● 小見出しを設ける

　複数の用件がある場合や比較的長文の場合は、小見出しを設けます。そうすることで、読み手はいくつの項目があるのかを瞬時に認識でき、おおまかな内容がわかるという効果もあります。

　【例文5.19】は小見出しがないために、伝達効率はよくありません。【例文5.20】は小見出しがあるため、見た瞬間に3つの項目があることを理解できます。また、箇条書きにできる箇所はそうするなど、読み手に配慮した書き方になっています。

　このような、全社員に伝わらなければならないメールでは、少し時間がかかっても見やすいメールにすることは大事です。わかりにくい箇所があったり問い合わせが必要な箇所があったりした場合、読み手の人数が多くなるほど累積すると膨大な無駄な時間が発生することになります。

【例文5.19】×
件名：秋の防災訓練のお知らせ

TO：ライン部長経由全社員
CC：関連会社総務部長
FROM：総務部長　笹田遼平（担当：宍戸）

標題の件、本年度も例年どおり下記のように実施します。
全社員が訓練に参加されるようお願いします。
訓練実施時のお客様および納入業者の方に対しては、後述のように
対応方法が昨年とは一部変わりました。
各職場のご理解とご協力をよろしくお願いします。

実施日時は10月15日（月）14:00〜15:30で、時間割は下記の
とおりです。
14:00訓練開始（職場からグラウンドに移動開始）

15:00 グラウンドから職場に移動開始
15:30 全員職場着席予定
なお、当日雨天の場合は10月29日(月)に延期します。
訓練の対象者は、本社構内で業務に携わる者全員とします。
訓練内容は、地震発生時の初動対応訓練とグラウンドまでの
避難訓練の2つとします。

お客様および納入業者は訓練の対象外とし、対応者はその旨を
事前に関係者に説明して混乱を避けてください。
そして、訓練の時間帯は、通路を通らないように調整してください。

本件に関して質問や確認事項がある場合は、
総務部小川祐子に問い合わせてください。
*******************************************
総務部　小川祐子
内線：10-111　ロケーション：M10-4F
TEL：0422-11-＊＊＊＊
E-mail：yuko.ogawa@xyzsha.co.jp
*******************************************

【例文5.20】○
件名：秋の防災訓練のお知らせ

---

TO：ライン部長経由全社員
CC：関連会社総務部長
FROM：総務部長　笹田遼平（担当：宍戸）

標題の件、本年度も例年どおり下記のように実施します。
全社員が訓練に参加されるようお願いします。

訓練実施時のお客様および納入業者の方に対しては、後述のように対応方法が昨年とは一部変わりました。

各職場のご理解とご協力をよろしくお願いします。

● 秋の防災訓練の詳細
(1) 日時：10月15日（月）14:00〜15:30
　　14:00：訓練開始（職場からグラウンドに移動開始）
　　15:00：グラウンドから職場に移動開始、
　　15:30：全員職場着席予定
　　※当日雨天の場合は10月29日（月）に延期
(2) 対象：本社構内で業務に携わる者全員
(3) 訓練内容
　　・地震発生時の初動対応訓練
　　・グラウンドまでの避難訓練

● お客様および納入業者への対応
(1) お客様および納入業者は訓練の対象外とし、対応者はその旨を事前に関係者に説明して混乱を避けてください。
(2) 訓練の時間帯は、通路を通らないように調整してください。

● 本件に関する問い合わせ先
質問や確認事項がある場合は、総務部小川祐子（内線：10-111）に問い合わせてください。

*********************************************
総務部　小川祐子
内線：10-111　ロケーション：M10-4F
TEL：0422-11-＊＊＊＊

E-mail：yuko.ogawa@xyzsha.co.jp
\*\*\*\*\*\*\*\*\*\*\*\*\*\*\*\*\*\*\*\*\*\*\*\*\*\*\*\*\*\*\*\*\*\*\*\*\*\*\*\*\*\*\*\*\*\*\*

● 返信を予測して段落を分ける

　いくつかの項目が含まれているときは、送信文と返信文が対応しやすいように段落を設けたり箇条書きにしたりして、返信しやすくします。
　複数の項目に返信が必要なメールを【例文5.21】のように書くと返信がしにくくなります。【例文5.22】のように、送ったメール文が引用されて返信に使われることを想定した記述をするようにしましょう。
　そうすれば、【例文5.23】のように返信メールは書きやすくなります。

【例文5.21】×
LL100は、販売停止機種になりました。後継機種として、LL200、LL300があります。どちらを選択なさいますか？後継機種の販売日は2月1日（金）の予定ですが、間に合いますでしょうか？それ以前に必要なときは、希望日をお知らせください。そのときは、調整したいと思います。

【例文5.22】○
LL100は、販売停止機種になりました。後継機種として、LL200、LL300があります。どちらを選択なさいますか？

後継機種の販売日は2月1日（金）の予定ですが、間に合いますでしょうか？

それ以前に必要なときは、希望日をお知らせください。そのときは、調整したいと思います。

【例文5.23】
> LL100は、販売停止機種になりました。後継機種として、LL200、
> LL300があります。どちらを選択なさいますか？

LL200のほうです。

> 後継機種の販売日は2月1日（金）の予定ですが、間に合いますでしょ
> うか？

ちょっと間に合いません。

> それ以前に必要なときは、希望日をお知らせください。そのときは、
> 調整したいと思います。

1月28日（月）に必要なので、お手数ですが調整をお願いします。


● 返信にモレが生じない書き方をする

　複数の問い合わせ事項があるときは、返信しやすいように改行しておくとか問いごとに番号を付けておくといった配慮も必要です。

　たとえば、3つ問い合わせをしたいときは、(1)(2)(3)と番号を付けて書くようにします。そうすることで、読み手は問い合わせが3つあることやそれぞれに返事をしなければならないことが伝わり、漏れが生じることもなくなります。

● 箇条書きを活用する

　箇条書きは、メール文のわかりやすさを向上させるのに役立ちます。これをうまく使うことで全体が整理されます。

　【例文5.24】のようなメールは、一度読んだだけでは内容が頭に入り

ません。【例文5.25】のように箇条書きにすることで、何をしなければならないのかが明確に伝わるようになります。両者を比べてみると、箇条書きの威力がよくわかります。

【例文5.24】✕
件名：年末の整理整頓のお願い

今年も年末の大掃除の時期を迎えます。
この機に、身の回りの整理整頓や共有物の整理整頓をあわせて行ってください。
整理整頓にあたっては、下記のような視点から徹底して実施するようお願いします。

整理については、机の下に物を置いていないか、机の上や周囲に不要な物を置いていないかという視点で、机周辺の整理を行ってください。

棚の整理についても、不要なファイルや書類が置かれていないか、棚の中や棚の上に乱雑に書類や物が置かれていないかという観点で行ってください。

整頓については、退社時、机の上はキープフラットができているか、退社時はノートPCは引き出しに格納されているかという視点で、机の上の整頓を行ってください。

棚の整頓についても、棚番の表示はあるか、ファイルや書類は、決められた場所に置かれているかという観点で行ってください。

（以下、省略）

【例文5.25】○
件名：年末の整理整頓のお願い

今年も年末の大掃除の時期を迎えます。
この機に、身の回りの整理整頓や共有物の整理整頓をあわせて行ってください。
整理整頓にあたっては、下記のような視点から徹底して実施するようお願いします。

【整理】
● 机周辺の整理
・整理については、机の下に物を置いていないか。
・机の上や周囲に不要な物を置いていないか。

● 棚の整理
・不要なファイルや書類が置かれていないか。
・棚の中や棚の上に乱雑に書類や物が置かれていないか。

【整頓】
● 机の上の整頓
・退社時、机の上はキープフラットができているか。
・退社時、ノートPCは引き出しに格納されているか。

● 棚の整頓
・棚番の表示はあるか。
・ファイルや書類は、決められた場所に置かれているか。

（以下、省略）

● 転送メールには断り書きを入れる

　受信したメールを別の人に転送するときは、【例文5.26】のように転送者が一言、転送の目的や誰からのメールの転送なのかなどの断り書きを入れるのが礼儀です。メールは第三者に簡単に転送できますが、転送メールを何の断り書きも入れずに送ると、受信者は戸惑ってしまいます。

　参考までに読んでもらい、特に何かをしてもらいたいわけではないときでも、「○○の参考までに、○○さんのメールを転送します」のような一言を加えましょう。

　転送メールは、手を加えずにそのまま送らなければなりません。手を加えたものを送ったりしたのでは、場合によってはメールを送信する相手を欺くことになります。

　ただし、長文メールを転送する場合で、転送が必要なメール文はその中の一部というときは、断り書きをしたうえで一部を転送することはできます。

【例文5.26】
件名：Fwd: 予定変更

購買課の木村です。

海外企画課の井上さんから、下記メールがありました。
印刷納期を早めることは可能でしょうか。

----- Original Message -----
From: Tadashi.Inoue<inoue@waidk.co.jp>
To: <kimura@waidk.co.jp>
Sent: Monday, November 19, 2018 7:10 PM
Subject: 予定変更

海外企画課の井上です。

12月10日（月）に予定していた米国出張ですが、先方の都合で1週間早くなって12月3日（月）に出発することになりました。
英文会社案内の印刷納期は、12月5日（水）になっていると聞いていますが、11月30日（金）までに手に入れることは可能でしょうか。

● **相手の身になって記述する**
【例文5.27】は場所を伝えるメールですが、自社の建物を中心に説明しているので情報が伝わりにくくなっています。【例文5.28】のように、相手の身になって考えることでわかりやすいメールになります。

【例文5.27】×
（件名、前半省略）
20日（火）15時からのお打ち合わせの件ですが、弊社にご足労いただけるとのこと恐縮です。

弊社は、武蔵野タワーの10階にあります。建物をお入りいただくとインターフォンがありますので、「1002」と入力して武蔵野営業部の河西をお呼び出しください。
すぐにドアを解錠しますので、エレベーターで10階の弊社受付にお越しください。
受付でお待ちしております。
武蔵野タワーは、最寄り駅のJR三鷹駅北口から徒歩3分です。
下記の地図でご確認ください。

　http://www.xyzsolutions.co.jp/corporate/map.htm

では、当日お待ちしております。

【例文5.28】○
(件名、前半省略)
20日（火）15時からのお打ち合わせの件ですが、弊社にご足労いただけるとのこと恐縮です。

弊社は、JR三鷹駅北口から徒歩3分の武蔵野タワー10階にあります。
下記の地図でご確認ください。

　　http://www.xyzsolutions.co.jp/corporate/map.htm

建物をお入りいただくとインターフォンがありますので、「1002」と入力して武蔵野営業部の河西をお呼び出しください。
すぐにドアを解錠しますので、エレベーターで10階の弊社受付にお越しください。
受付でお待ちしております。

では、当日お待ちしております。


● 記述の順序を考える

　読み手にメールの内容をすばやく伝え理解してもらうためには、どんな順序で書けばわかりやすいメールになるのかを考えましょう。メールは大事なことや結論から先に書くことが最も要求されていますが、それ以外にもいろいろな順序があります。
　緊急度が高いメールは、最初にそのことを伝える必要がありますし、読み手が興味を示す事柄から書き出して最後まで読んでもらう工夫が必要な場合もあります。
　大事なことや結論を先に示す書き方以外に、次のような記述の順序があります。
　　・緊急度の高い順

- 概論から各論へ展開
- 結果を示してから原因を示す順
- 意見や意図を最初に書き、次に理由を示す順
- 時間の流れの順（手順や工程の説明など）
- 興味が持てる順

【例文5.29】は、最初に全体を要約してから、個々の内容を手順に番号を付けて説明している例で、概論から各論に展開するパターンです。

【例文5.29】
件名：旧版資料の廃棄

現在、資料管理課では、販売資料と製品資料の旧版を管理していますが、スペースが手狭になっています。そこで、次のような手順で販売資料と製品資料を廃棄しますので、ご協力をお願いします。

● 販売資料の廃棄手順
1. 発行後5年を経過した販売資料は廃棄処分とします。保管が必要な販売資料があれば、そのリストを今月中に販売資料課に提出してください。

2. 資料管理課が管理しているリスト上で、～
（中間省略）

● 製品資料の廃棄手順
1. 発行後10年を経過した製品資料は廃棄処分とします。保管が必要な製品資料があれば、そのリストを今月中に資料管理課に提出してください。
（以下、省略）

● 読み手の手間を省く

　ちょっとした気配りが不足したために、読み手に余分な手間をとらせてしまうことがあります。

【例文5.30】は、気配りが不十分な例です。読み手は、場合によっては一昨日のメールも読まなければなりません。

【例文5.31】のような書き方をすれば、一昨日のメールを確認することなく作業ができます。

【例文5.30】×
一昨日、修正箇所をお知らせしましたが、下記を追加します。計5箇所の修正になります。
よろしくお願いします。

10行目：クリップアート→背景画像のクリップアート
18行目：カタログ→パンフレット

【例文5.31】○
一昨日、修正箇所をお知らせしましたが、2箇所を追加します。その結果、修正箇所は下記のように計5箇所になります。
よろしくお願いします。

5行目：会議の業務効率→会議、プレゼンテーションの業務効率
9行目：A社製→B社製
10行目（追加）：クリップアート→背景画像のクリップアート
14行目：2017年製→2018年製
18行目（追加）：カタログ→パンフレット

【例文5.32】にも、同様の問題があります。前回と同じ場所という書き方は、配慮が足りません。【例文5.33】のように、わかりやすくすべきです。

【例文5.32】×
次回の部下育成研修Step 2の開催場所が決まりましたので、お知らせします。Step 1と同じ場所になりました。定刻までにご集合ください。

【例文5.33】○
1月30日（水）開催の部下育成研修Step 2ですが、開催場所が決まりましたのでお知らせします。場所はStep 1と同じ新宿イベント会館小ホール（http://shinjukuevent.jp/）です。開始時刻（午前10時）の10分前までに、ご集合ください。

● **パスワードは半角で知らせる**

　メールに添付した重要ファイルは、盗み見されたり送信先のメールアドレスを間違えたりすることを想定した何らかのセキュリティ対策が必要です。一般には、重要ファイルにパスワードでロックを掛けてからメール添付で送り、次のメールでパスワードを知らせるという方法が採用されます。

　パスワードは半角英数字を使って設定します。【例文5.34】は、パスワードを半角で設定し、それを全角のパスワードで伝えたメールです。これでは、読み手は混乱します。

　【例文5.35】のように、パスワードは半角で伝えます。そうすることで、読み手はパスワードの部分をコピペしてすばやく添付ファイルを開くことができます。

【例文5.34】×
先ほどお送りしました添付ファイルのパスワードは、次のとおりです。

ｐｓＳＹ７ｍａｚＡＺ９ｆａ

【例文5.35】〇
先ほどお送りしました添付ファイルのパスワードは、次のとおりです。

psSY7mazAZ9fa

## 5.4 メールのやり取りを減らす

　読み手とのメールのやり取りを最小限にする工夫をします。返信しやすいような書き方をしたり、返信に漏れが生じないような書き方を考えたりします。

● 返信しやすいように書く

　たとえば、「Aの進め方でよろしいでしょうか」とするよりも「〜のような効果が見込めますので、Aの進め方を採用したいと思います。問題がありましたらお知らせください」のような書き方のほうがやり取りは少なくて済みます。

　また、日時の調整の場合は【例文5.36】のように関係者に都合の良い日時を尋ねる文面にすると、関係者全員がスケジュールを確認して対応可能日をすべて書き出す必要があります。

　【例文5.37】のように、開催側の都合をあらかじめ反映させて日にちを絞った書き方にすれば、あまり考えなくても済むので、返答しやすくなり返信の時間も短縮されます。

---

【例文5.36】×
作問ワーキンググループ
X先生、Y先生、Z先生

平素より大変お世話になっております。
A教育社の篠原でございます。

前期1級試験につきましては、作問等種々ご協力いただき、あらためてお礼申しあげます。

さて、早速ではございますが後期1級試験に向け、第2回の作問ワーキ

ンググループの日程調整をさせていただきたく存じます。

つきましては、お手数ではございますが、11月5日（月）〜16日（金）におけるご都合を11月1日（木）までにお知らせいただけますようお願いいたします。
先生方のご都合を勘案のうえ、開催可能日を複数お知らせ申しあげます。

何卒よろしくお願い申しあげます。

【例文5.37】○
作問ワーキンググループ
X先生、Y先生、Z先生

平素より大変お世話になっております。
A教育社の篠原でございます。

前期1級試験につきましては、作問等種々ご協力いただき、あらためてお礼申しあげます。

さて、早速ではございますが後期1級試験に向け、第2回の作問ワーキンググループの日程調整をさせていただきたく存じます。

つきましては、お手数ではございますが、下記日程におけるご都合を【11月1日（木）まで】にお知らせいただけますようお願いいたします。

11月8日（木）午前・午後
11月9日（金）午前・午後
11月12日（月）午前・午後
11月13日（火）午後

※会議は2時間程度を予定しております。

●**読み手をリードする**
　意見を求める場合は、「今後の進め方について、ご意見をお聞かせください」よりも「今後の進め方は、A案、B案、C案のいずれがよろしいでしょうか」あるいは「今後の進め方は、A案、B案、C案の3通り考えられますが、特に問題がなければ、〜のような効果が見込めますのでA案にしたいと思います。そのように進めてよろしいでしょうか」としたほうが、やり取りはスムーズになります。
　書き手がメールの内容についてリードできるような意見を持っている場合は、このようなやり取りが可能になります。

Part 3

## 速く書く

文書作成の基本の3つ目は、速く書くことです。文書は、考え方や作り方で作成時間が大きく異なり、個人差があります。しかし、さまざまな技術を取り入れることによって、誰もが効率の良い文書作成に取り組むことができるでしょう。

# Chapter 6

# 無駄がない文章を目指す

　どんな文書作成にも、文書としての完成度を高めるために全力で取り組むという姿勢よりも、文書の目的や読み手を考えて臨機応変に対処するという考え方が必要です。完璧主義にならないようにします。ただし、ここぞというときには、細部にも注意して完成度を高めます。

## 6.1 求められている日本語は何か

　ビジネスの場で求められている日本語は、けっして表現力豊かなものではありません。必要なのは、伝わることを重視した日本語です。文章を書くときは、時間をかけずに効率よく書くという視点が欠かせません。

### ● 求められる日本語の位置づけ

　日本語の表現には、機械翻訳やデータベース化のようなコンピューターによる処理に最適な日本語から、名文といわれるレベルまで、大きな幅があります。ビジネスの場で求められる日本語は、両者の中間になります。

　機械翻訳やデータベース化に向いた日本語からは、こなれていない幼稚な印象を受けます。一方、小説やエッセイの世界の日本語は、感情の表現も豊かで読み手にとっては心地よい読むのが楽しい領域になります。

　ビジネスの場で使う文章に、表現力豊かな文章、美しい日本語など、いわゆる名文と呼ばれるものは不要です。このレベルに近づこうとして細かいニュアンスの違いや文法上の微妙な違いに神経を使ったり、語彙

力を高めたりする必要はありません。

　小説やエッセーを読んで、こんなうまい文章が書けたらいいなと思うことがあるかもしれません。しかしビジネスの場では、名文を書くよりももっと大事なことが求められています。

● **必要なのは内容がわかりやすく伝わる文章**
　ビジネスの場で必要とされる日本語は、無駄がなく書かれていて、内容がわかりやすい文章です。

　書くときは、「どううまく書くか」ではなく、「何を書くか」に意識を集中させることが大事です。求められているのは、中身重視で何を書くかを考えることであり、それを平易でシンプルで読みやすい文章にして伝えることです。必要な内容が伝わり目的が達成できる文章であれば、それで十分です。

## 6.2 生産性の視点を持つ

　個々の文章の細かい表現にこだわって、過剰品質になることは避けなければなりません。文書の目的や使われ方によって、書き方も変えるという意識が必要です。

● 特上、上、並

　うなぎ料理専門店に行くと、よく「特上」「上」「並」というお品書きを目にします。同じうなぎでも一律の内容・値段ではなく、目的（この場合は内容や値段）によって選択できるようになっています。

　文章も同じです。社内文書か社外文書か、読み手は1人か複数か、大事な業務に関するものなのかそうではないのか、急いでいるのか、アイデアを出し合うレベルなのかなど、さまざまな要素を勘案して「特上」「上」「並」のように、書く量、時間、取り上げる中身を決めなければなりません。求められているのが「並」なのに、「特上」の文書を作る必要はありません。

　「並」は1時間、「上」は2時間、「特上」は4時間かかる文書があったとします。そのとき、「並」でよいのに「特上」の内容を用意したとき、読み手がそれは過剰品質だと指摘することはないかもしれませんが、生産性の視点から見れば4分の1になるか4倍になるかという大きな違いになります。

　文書を作るときは、「特上」「上」「並」の意識は不可欠です。

● 読み手の人数や読まれ方によって書き方にメリハリをつける

　読み手の人数によって、文書の書き方にメリハリをつけることも考えましょう。

　読み手が1人の場合は、文書ではなく口頭や電話で済ませたほうがよいかもしれません。グループ内で読まれる文書であれば、メモ書き程度にして言葉で補えば済むこともあるでしょう。

大勢の人が読む場合も、参考程度に提供する文書と読み手にしっかり読んで対応してもらわなければならない場合では、書き方に違いが出て当然です。後者の場合は、文書作成にそれなりの時間をかけても全体の生産性が向上するのであれば意味があります。たとえば、わかりにくい箇所があって読み手が誤解したり考えたりすれば、全体の生産性は低下します。

### ● 文書が読まれる対象によって文書の書き方を変える

　部署内であれば文書に最小限の肉付けが必要になり、さらに部署外であれば過不足がない資料を用意するというように、文書が読まれる対象によって書き方を変えるという考えも必要になります。

　全社であれば表現にも留意しなければなりません。さらに、重要顧客であれば内容・表現に十分留意した文書にするというように変化します。

### ● 優先すべきは何か

　過剰品質の文書は無駄を含みます。過剰品質は、内容と表現の両方で発生します。内容に対する過剰品質は、文書の目的と照らし合わせたとき不要なものが含まれていたり、読み手が求めていないものが含まれているときに起こります。表現に対する過剰品質には、凝った文章や言い回しがあります。

　ただし、過剰品質を避けることと手抜きをすることは同じではありません。文書作成で手抜きをしたために、読み手が書き手に不明点や疑問点の問い合わせをしなければならないような事態は避けなければなりません。そうなったときは、読み手、書き手の双方に時間の無駄が生じます。

　「時間」を考慮しなければならない場合もあります。重要な文書ということで、完成度を高めたものを1週間後に提出するよりは、大事な点は漏れなく網羅した簡単な文書を今すぐ提出したほうが仕事の価値が高まることもあります。

● **緊急度と重要度で考える**

　緊急度と重要度の視点も持っていたほうが役立ちます。図6.1のように緊急度と重要度によって優先順位を考えて処理するというのが一般的です。文書の特上、上、並に加えてこの考え方を反映させることで、業務をより円滑に進めることができるようになります。

**図6.1** 緊急度と重要度で優先順位を考える

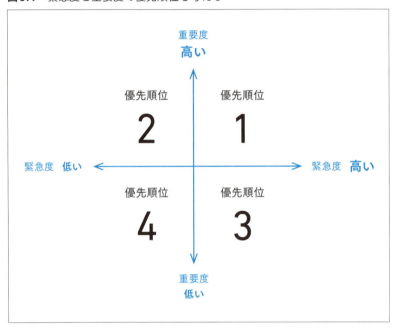

## 6.3 「てにをは」に時間をかけない

　文章表現には、多くの細かい技術があります。それらの技術を思い浮かべながら文章を書こうとすると、それなりの時間がかかります。ここでは、「てにをは」レベルの文章表現技術に対する考え方を述べます。

● **助詞の扱い**

　副助詞の「は」と格助詞の「が」の厳密な使い分け、格助詞の「に」と「へ」の使い分け、同じく格助詞の「より」と「から」の使い分け、「で」と「に」の使い分けなど、助詞の扱いに対する多くの技術があります。「が」は逆接の接続助詞としてだけ使い、順接の接続助詞「が」は使わないという考え方もあります。【例文6.1】は順接の「が」が使われた例です。

　「が」が使われたときの問題点としては文が長くなりがちというのがあります。しかし、短い文であれば「が」は便利な助詞であり、順接の「が」という理由で使用を避けなくても問題はないと考えてよいでしょう。

　これらの助詞の使い方は、細かいニュアンスを伝えるうえでは意味のある表現技術です。しかし、助詞の細かい使い分けがなされていなくても、そのことによって内容の伝達が阻害されることはまずありません。

【例文6.1】
「環境未来都市」構想が内閣府によって進められていますが、全国11都市が選定されモデル都市として、さまざまな取り組みを実施しています。

● **重ね言葉の扱い**

　重ね言葉は、使わないようにするというのもあります。
　重ね言葉には、「馬から落馬する」「日本に来日する」「あとで後悔する」「募金を募る」「電車に乗車する」のように明らかにそのことがわかる場

合があります。これらの言葉は、読み手に違和感を与えることがあるので使わないよう注意が必要です。

　一方、「年内中に」「従来から」「最後の切り札」「まず第一に」「古来から」のようなあまり違和感のない重ね言葉もあります。

【例文6.2】には、「次の後継者」「すべて一任」の2箇所に重ね言葉が使われています。稚拙な印象や違和感を覚えることがなければ、これらの言葉は気にしないという考え方も必要です。

　重ね言葉は、必要以上に厳密に考えなくてもよいでしょう。

【例文6.2】
この案件は、次の後継者にすべて一任された。

● 「の」の連続使用は2回まで？

「の」でつなぐのは2回までにするというのが一般的な考え方です。しかし、【例文6.3】のようにあまり違和感を覚えない文はそのままでもよいでしょう。

【例文6.3】
私の机の上の書類は、すべてスキャンしたうえで廃棄することにした。

【例文6.4】も「の」が連続しています。しかし、「の」と「の」の間に動詞「ある」が挟まれています。このように、動詞が挟まれている場合は「の」が3回連続しても問題は起こりません。

【例文6.4】
私の机の上にある書類の束は、近々整理する予定でいる。

● 指示語は使わない？

「これ」「それ」「これら」「それら」などが指示語です。【例文6.5】で使われている指示語「それを」は、「フォルダーX」「ファイルY」のどちらを指しているのかがわかりません。そのようなときは、指示語は使えません。【例文6.6】のような書き方をしなければなりません。

しかし、何を指しているかが明確なときは指示語を使っても問題ありません。そうすることで、文はより簡潔になります。

【例文6.5】×
デスクトップ上にある<u>フォルダーX</u>に、<u>ファイルY</u>が格納されています。<u>それを</u>USBデバイスにドラッグ＆ドロップでコピーします。

【例文6.6】○
デスクトップ上にあるフォルダーXに、ファイルYが格納されています。<u>そのフォルダーX</u>をUSBデバイスにドラッグ＆ドロップでコピーします。

● 難しく考えすぎない

複数の修飾語が1つの語句を形容しているときは、修飾語を長い順に並べるというのがあります。しかしそうしなかったとしても、文の質や伝達効率、わかりやすさにはほとんど影響がないと考えてよいでしょう。

1文で1つの事柄を記述するという一文一義の考え方も、短い文の場合は気にしなくてもかまいません。

一種のルールとしてある程度定着した考え方であっても、機械的にルールを守るという姿勢でなくてもよいと考えます。柔軟に対処し、必要以上に難しく考えないようにしましょう。

# Chapter 7
# 文書の大事な3要素を知る

　すばやく書くためには、文書を形作っている大きな要素は何であるかを理解することも必要です。文書を書き始める前に必要な要素と、文書を書くときに必要な大きな要素が、それぞれ3つあります。

　これらのことを理解したうえで、フレームワークと記載項目一覧を使って文書の作成時間の短縮を図ります。

## 7.1 文書を形成している3要素がある

　文書の要素は、構成、記載項目、フォーマットの3つです。これらの要素は文書を形作る骨組みのようなものであり、これらを明確にしないまま書き始めることはできません。

図7.1　文書を書き始める前に必要な3つの要素

● 構成

　構成は、文書全体の大きな流れを意味します。文章を思いつくままに書いたのでは、読み手に内容は伝わりません。読み手に文書の内容が伝わりやすくするためには、何をどういう順序で書くかということが大事になります。最初に概要を示してから詳細な記述をするとか、最初に結論を示してから根拠を記述するといったものです。

　構成を毎回ゼロベースで考えていては時間もかかり負荷も大きくなります。構成を決めるときには、Chapter 8で説明するフレームワークの活用が有効です。

● 記載項目

　記載項目とは、たとえば構成が「概論－各論－まとめ」であった場合に、概論、各論、まとめのそれぞれに含まれる項目を指します。各記載項目は多くの場合、見出しとそれに続く本文という組み合わせになりますが、見出しだけを指して記載項目と呼ぶこともあります。

　たとえば、図7.2に示す文書であれば、概論は「1. 調査の主旨」「2. 調査方法」「3. 調査結果の概要」、各論は「4. 具体的な内容」、まとめは「5. 所感」になります。そして、「1. 調査の主旨」とその本文（「先月の経営管理委員会で、～調査を行った。」まで）のような組み合わせが、個々の記載項目になります。

　各記載項目は、文書が比較的短い場合は見出しを設けず、1つまたは複数の段落で記述されることが多くなります。その場合は、本文が記載項目になります。

　記載項目は、文書の種類ごとにほぼ決まったものがあります。記載項ついては、Chapter 9で詳細に説明します。

Chapter 7　文書の大事な3要素を知る

**図7.2** 調査報告書における構成と記載項目の例

---

2019年2月1日

経営管理委員会メンバー各位

市場調査部　鈴木太郎

### ホーププロダクツ社の商品開発に関する調査報告書

　標記テーマについて調査しましたので、ご報告します。次回の経営管理委員会で、当社の商品開発の問題点を議論する際の参考資料としてご一読ください。

記

**1. 調査の主旨**

　先月の経営管理委員会で、ホーププロダクツ社はなぜ成熟した市場でヒット商品を生み続けているのかが話題に上ったので、その背景を探るために調査を行った。

**2. 調査方法**

　ホーププロダクツ社に詳しいA、B両氏のヒアリングに基づくものである。

**3. 調査結果の概要**

　ホーププロダクツ社では、社員提案制度を核に開発した新商品を、コンセプトを守りながら進化させ、同時に業績不振商品は販売中止にしてその経営資源を市場創出と商品育成に再配分している。この一連のサイクルが成熟市場でヒット商品を生み出している。

**4. 具体的な内容**

　具体的な内容は、「新市場の創出」「市場投入後の商品の育成」「業績不振商品の販売中止」の3項目に大きく分けることができ、それらの詳細は次のとおりである。

**（1）新市場の創出**

左側注記：記載項目　見出し ＋ 本文

右側注記：概論／各論

商品アイデアの社員提案制度が新市場を生み出す原動力になっており、吸い上げたアイデアを、消費者・社内の双方の視点で段階的に評価する仕組みが整っている。

**(2) 市場投入後の商品の育成**
　市場投入後の商品の育成にも注力しており、ヒット商品も商品コンセプトを維持しつつ、消費者の嗜好の変化に合わせて商品特性を進化させている。

**(3) 業績不振商品の販売中止**
　全商品は、業績が一定基準に達しないと販売を中止し、その経営資源を新市場の創出や商品改良に再配分している。

**5. 所感**
　当社の商品の主力市場も年々成熟化が進んでおり、収益性も徐々に低下してきている。このような環境下で収益性を改善するためには、市場に広く受け入れられる商品を投入してそれをヒット商品に育てることが大きな課題と言える。ホーププロダクツ社の取り組みは参考になる。

以上

● **フォーマット**

　フォーマットは、文書をどのような形でまとめるかというものです。紙文書の場合、上下左右の余白をどうするか、見出しの書体や大きさはどうするか、本文の書体、文字サイズ、行間をどうするかといった内容を明確にしたものがフォーマットです。

　要するに、フォーマットは文書のレイアウト、文書の書式などを定めたものです。これらの内容は、文書作成の効率化と統一を図るために、テンプレートとして用意されることもあります。

　フォーマットについては、Chapter 10と付録で詳細に説明します。

## 7.2 文書を書くときに必要な3つの要素がある

　文書を形成している3つの要素が明確になれば、文書を書き進めることができるようになります。このとき必要なのが、文書の中身（記述する具体的な内容）と文章・図表（内容を文字や図表で表現したもの）、それに文書としての質を左右する要素に対する理解です。

**図7.3　文書を書くときに必要な3つの要素**

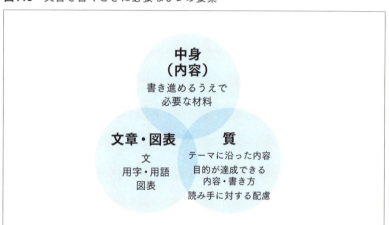

● **中身**

　中身とは、文書の内容を指します。たとえば提案書であれば、提案の主旨、効果、背景、提案物の特長、市場、購入者層、販売戦略などを、図表を含む文章で表現した内容が中身になります。

　中身は、文書を作るうえで最も大事なものであることはいうまでもありません。極端なことをいえば、間違った内容のものを非常にわかりやすい文章で記述したとしても、それはほとんど役に立たないものであることからも明らかです。

● 文章・図表

文書は、一般に見出しを含む複数の文、すなわち文章でできています。図表が含まれることもあります。

他の要素に問題がなくても、見出しがわかりにくかったり、個々の文がわかりにくかったり、図表が適切に使われていなかったりしたら、問題を含んだ文書ということになります。簡潔でわかりやすい文章を書くことはもちろん、図表を適切に利用することも大事です。

● 文書としての質

そして、最後に必要になるのが文書としての質です。作り上げた文書が全体として、テーマ、目的、読み手を明確にしたものになっていること、そして文書による目的を達成できるものになっていることが大事です。

構成は適切か、記載項目に過不足はないか、フォーマットに問題はないか、文書のテーマに沿い文書の目的を達成するための過不足のない中身になっているか、文章の読みやすさやわかりやすさに問題はないかなど、総合的な質が問われます。

## 7.3 高速で文書を仕上げるコツとは

　以上述べたことをまとめると、図7.4のようになります。文書全体の流れをどうするかという構成と、それに続く記載項目をすばやく知ることができれば、最初の段階で悩む必要はなくなります。それだけで文書作成のスピードは大幅に向上します。

**図7.4**　文書の構成から執筆までの大きな流れ

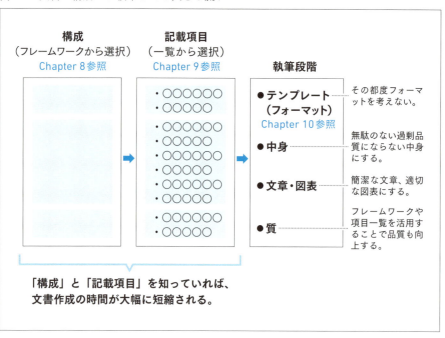

　構成に関する知識や記載項目に関する情報が不足していると、思わぬ時間を費やすことになります。文書作成のスピードを考えたとき、最大のポイントがここにあります。詳細はChapter 8以降で説明します。

　構成と記載項目が決まれば、あとは執筆工程を残すだけです。執筆に

は、文書の種類ごとに用意されたテンプレートを使うことで、その都度フォーマットやレイアウト、書式を考える必要がなくなります。テンプレートについては、Chapter 10で説明します。

# Chapter 8
# 構成のフレームワークを活用する

わかりやすい文書は、一定の構成のパターンに沿って書かれています。文書の内容によって定番のフレームワークがあり、それを使いこなすことによって、文書の品質と文書作成のスピードを両立させることができるようになります。

## 8.1 文書には基本のフレームワークがある

どんな種類の文書であっても、それぞれに適用できる構成のフレームワークがあります。フレームワークとは、パターン化された考え方の枠組みを指します。フレームワークを利用することで、文書は格段に書きやすくなります。また、読み手にとってもわかりやすい文書になります。

● 基本のフレームワーク

さまざまな文書に適用できる代表的な構成のフレームワークは、次の4種類です。これらのフレームワークは、業務連絡文書、企画書、提案書、報告書、社内ニュースなどさまざまな文書に共通に適用できます。
(1) 概論−各論−まとめ
(2) 概論−各論
(3) 序論−本論−結論（まとめ）
(4) 起承転結

これらのフレームワークには先人の知恵が詰まっており、長い時間を

かけて検証を繰り返し長年の使用に耐えて有用性が証明されています。これを活用しない手はありません。フレームワークを活用することで、作成効率向上と同時に品質向上も図ることができます。

● 概論－各論－まとめ

ビジネスの場で使われる多くの種類の文書に適用できるのが、「概論－各論－まとめ」の構成のフレームワークです。このフレームワークは、最初の概論で伝えるべき内容の概要を示す構成になっていて、詳細または具体的な内容がそのあとに続き、最後にまとめが入るため、文書の内容に対する理解が促進されます。

概論、各論、まとめのそれぞれに含まれる記載項目には、図8.1に示すようなさまざまなものがあります。

**図8.1** 「概論－各論－まとめ」の構成

| 概論 | 各論 | まとめ |
|---|---|---|
| ・前置き<br>・全体の要約・概要<br>・重要事項の概要<br>・結論<br>・全般的な内容<br>・要点<br>・重要事項<br>・重点事項<br>・その他 | ・個別の説明<br>・詳細説明<br>・具体的内容<br>・根拠・理由<br>・対策<br>・その他 | ・全体のまとめ<br>・結論<br>・重要事項の繰り返し<br>・ポイントの整理<br>・その他 |

実際に文書を作るときは、図8.1に示す概論、各論、まとめのそれぞれの記載項目の中から必要なものを選択して組み合わせて使います。どの記載項目を使うかは、文書の中身や作成の方針などによって変わります。

たとえば「結論」については、できるだけ文書の最初のほうにあったほうがよいというのが一般的な考え方です。しかし読み手に、各論を

じっくり読んで背景や根拠をよく理解してから結論を読んでほしい場合は、結論の位置は最後が好ましいといえます。いきなり結論や結果を示しても、読み手がよく理解できなかったり唐突な印象を持ったりすることがある場合も、結論は最後がよいでしょう。

概論、各論、まとめの組み合わせの例を図8.2に示します。この中で文章の量が最も多いのは各論で、全体の7〜8割を占めます。

図8.2 「概論－各論－まとめ」の各項目の組み合わせの例

「概論－各論－まとめ」の構成を採用した文書の例を、図8.3に示します。図8.3は、概論、各論、まとめのそれぞれが、見出しは使わずに1段落、3段落、1段落の文章だけで構成されています。

**図8.3** 「概論−各論−まとめ」の構成例

## 営業秘密で企業力を高める

　企業間競争の激化に伴い、営業秘密はますます重要になっています。営業秘密はトレードシークレットとも呼ばれ、不正競争防止法で保護されています。不正競争防止法では、営業秘密を「秘密として管理されている生産方法、販売方法その他の事業活動に有用な技術上または営業上の情報であって、公然と知られていないもの」と定義しています。このことから、営業秘密には営業上の秘密情報に限らず技術ノウハウも含んでいると解釈できます。 ― 概論

　不正競争防止法では、営業秘密の不正利用に対して差止請求や損害賠償請求を認めています。ただし、一定の要件を満たしていない情報は一切保護されないということではありません。秘密保持契約を締結することによって守秘義務を負わせ、義務違反については責任を追及することができます。

　営業秘密として保護されるための要件は、①秘密として管理されていること（秘密管理性）、②事業活動に有用であること（有用性）、③公然と知られていないこと（非公知性）の3点です。中でも、①の要件を満たすためには、営業秘密であることを認識できるようにすることと情報へのアクセスが制限されていることが必要です。

　自社の技術ノウハウを保護する方法としては、特許出願する方法とノウハウとして秘匿する方法があります。特許出願すると独占権が得られます。公開しないで営業秘密とすると、情報の漏洩を完全に防止できれば第三者の模倣を防ぐ効果があります。 ― 各論

　当社のようなメーカーにとって、技術ノウハウは会社の競争力強化に欠かすことができない資産です。公開して、他社へのライセンス供与で実施料を得ることもできます。技術ノウハウとして社内活用に徹し、企業力を高めることもできます。技術ノウハウを中心とする、多様な知的資産を賢く使いこなす知恵を開拓していきましょう。 ― まとめ

● 概論－各論

　比較的全体の文字量が少ない文書や明確な結論を含まない文書の場合は、図8.4のように概論－各論という展開にしてまとめを省略する構成にします。実際の文書では、図8.4に示す概論、各論に含まれる記載項目の中から必要なものを組み合わせて使います。

**図8.4**　「概論－各論」の構成

```
┌─────────────────────────────────────────────┐
│       概論    ─────    各論                  │
│   ・前置き            ・個別の説明           │
│   ・全体の要約・概要  ・詳細説明             │
│   ・重要事項の概要    ・具体的内容           │
│   ・結論              ・根拠・理由           │
│   ・全般的な内容      ・対策                 │
│   ・要点              ・その他               │
│   ・重要事項                                 │
│   ・重点事項                                 │
│   ・その他                                   │
└─────────────────────────────────────────────┘
```

　「概論－各論」の構成例を、図8.5に示します。図8.5は、概論、各論のそれぞれが1段落、3段落の文章だけで構成されています。

**図8.5** 「概論-各論」の構成の例

## 電波の混信・妨害の排除・予防

　電波利用が急速に拡大する中で、電波の混信・妨害を排除・予防し良好な電波利用環境を維持していくことが重要な課題となっている。そのため総務省では、電波の監視、混信・妨害の排除・予防に加え、それらの原因となり得る機器への対応を強化している。 ⎬ **概論**

　近年、携帯電話の急速な普及や電波監視の強化などによって、過去に社会問題となった無線局による重要無線通信等への混信・妨害は減少している。しかし、訪日外国人等によって日本国内に持ち込まれた外国規格の無線機器や、インターネットの通信販売等で容易に手に入る電波法の技術基準に適合していない無線機器による無線通信への混信・妨害が増加している。

　そのため総務省では、空港・港湾における啓蒙活動を強化し問題発生の未然防止を図っている。また、発射する電波が著しく微弱な無線設備を市場から購入して、電波の強さが電波法に定める基準に適合しているかどうかの測定を行っている。この取り組みは、一般消費者が基準に適合していない無線設備を購入・使用して電波法違反となることや、他の無線局に混信・妨害を与えることを未然に防止することに役立っている。問題がある無線設備の製造業者や販売業者に対しては、電波法で定める技術基準の適合への改善を要請している。

　電波の混信・妨害に関して、ある無線局が他の無線局の運用を著しく阻害している場合は、その事態を除去するために必要な勧告・公表を行うことは制度上可能である。この制度の実効性を高めるため、平成27年度に近年の無線設備の製造・流通実態の変化に対応して、電波法が改正された。これによって、平成28年度から、無線設備の製造業者、輸入業者または販売業者に対して電波法で定める技術基準に適合しない無線設備を製造、輸入または販売することがないよう努力義務が規定された。また、勧告に従わない者に対しては必要な措置を講じることができる制度が導入された。 ⎬ **各論**

● 序論－本論－結論（まとめ）

「序論－本論－結論（まとめ）」の構成は、論文やレポートに使われます。「概論－各論－まとめ」の構成と「序論－本論－結論（まとめ）」の構成には、前者が概論で全体の概要を述べているのに対し、後者の序論ではどんな問題や課題があるのかを述べているという違いがあります。「概論」と「序論」では、内容が大きく異なります。

序論は「はじめに」と「問題提起」に分けられ、本論では、序論で提起された問題の解決方法が示されます。そして結論（まとめ）には、結論、解決方法の評価といった記載項目が含まれます。整理をすると、図8.6のようになります。

**図8.6**　「序論－本論－結論（まとめ）」の構成

**序論**

〈はじめに〉
- テーマの設定・導入
- テーマの意義
- テーマの説明
- テーマの分野の説明
- 当該論文の構成の説明

〈問題提起〉
- 課題・問題の提起
- 問題とその背景
- 問題解決の意義
- 当該論文の価値
- 当該論文の有用分野
- 当該論文の適用分野
- 最新動向の説明
- 主張・提言
- 意見の提示
- その他

**本論**

〈解決方法〉
- 課題・問題の分析・分析手法
- 課題・問題の解決方法とその利点
- 課題・問題に対する調査内容
- 他の課題・問題解決方法との比較
- 課題・問題を解決したときの効果
- 主張・提言の根拠
- 論証
- 対案
- 解決方法実施上の課題（課題の解決法があれば記述）
- 事例説明
- 評価基準・評価
- その他

**結論（まとめ）**

〈結論〉
- 結論
- 解決方法の評価

〈おわりに〉
- 今後の計画
- 今後の展望
- 他の課題への応用
- 総括（まとめ）
- 考察
- その他

実際の文書では、図8.7のように「序論－本論－結論（まとめ）」の中のさまざまな記載項目を組み合わせることで、多くの展開パターンが生じます。文章の量が最も多いのは本論で、全体の7〜8割を占めます。

**図8.7** 「序論－本論－結論（まとめ）」の各記載項目の組み合わせの例

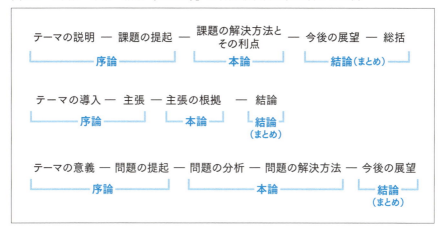

「序論－本論－結論（まとめ）」の構成例を、図8.8に示します。図8.8は、序論、本論、結論のそれぞれが1段落、5段落、1段落の文章だけで構成されています。

**図8.8** 「序論－本論－結論（まとめ）」の構成例

### 揮発性有機化合物（VOC）の排出抑制

　揮発性有機化合物（VOC）はさまざまな汚染問題を引き起こしている。今、その抑制は喫緊の課題になっている。　｝序論

　VOCによる汚染は、土壌・地下水と大気とに分けることができる。土壌・地下水汚染は、1970年代初頭から農薬や洗浄剤などで使用されていたものが、土壌に廃棄されたことなどが原因になっている。一方、大気汚染に関しては、VOCが大気中の光化学オキシダントや浮遊粒子状物質の発生の原因物　｝本論

質の1つと考えられている。わが国では、多種多様な業種・業態からVOCが排出されており、諸外国と比べて単位面積当たりのVOC排出量が高くなっている。

近年、大気中に放出されるVOCの排出抑制対策が強化されている。わが国では、特定の発生源が多いことから、VOCの抑制対策としては排出濃度規制対策、排出量抑制対策、および設備・構造対策が有効であると考える。

VOCの排出濃度を規制するためには、排出口における濃度に基準値を設ける必要がある。すなわち、排出口における濃度の基準に適合することを法律で義務づけることで、排出者には処理設備の設置・運転等の対策を実施する義務が生じる。この対策によって、強制的に排出量を削減することができる。

排出量抑制対策は、施設全体からのVOCの排出量そのものを規制する対策で、いわゆる総量規制である。排出量規制を行う場合、排出量の連続測定または使用・製造を行うVOCの組成使用量等を厳密に把握したうえで排出量を計算する必要がある。そのため、作業量は増加するが確実に排出量は削減できる。

設備・構造対策は、VOCそのものを外気に出さないための対策であり重要である。具体的には、処理設備の設置や施設の密閉化等によってVOCの排出量を削減させるという方法による。

今後のVOC抑制策の方向としては、安価な処理設備の開発や排出抑制技術の情報公開が考えられる。測定方法に対する配慮も必要になるだろう。VOCの排出抑制の取り組みを推進するためには、低価格で小型のVOC処理装置の開発が必要である。低VOCの塗料・インキ・接着剤等の開発も求められる。またVOCは多種に及ぶことから、VOCの個別物質をすべて測定するのは作業が煩雑になりコスト高になる。したがって、VOCの測定方法は個別の物質ごとに測定するのではなく、包括的に測定する分析方法が必要である。

● 起承転結

　起承転結は、よく知られた文章の展開方法です。起承転結は、「起」で主題を提示し「承」で主題そのものや主題と関係の深い話題について説明します。そして、「転」で別の視点からの見方を述べたり主題とは関係がないように見える話題に転換したあと、「結」で文章全体を締めくくるという展開をします。この構成は、ビジネスの場には向かないともいわれています。しかし、まったく使われないということはありません。

　一般には、情報の伝達効率を考えて全体的な内容や課題などから入る構成にすることが多いのですが、伝達効率よりも読み手の関心を引きつけることを重視したい場合もあります。そのようなときに使われる構成が、起承転結です。

　業務連絡文書のように、読まないと読み手が不利益を被るかもしれない場合は、読み手は目を通すので伝達効率を重視した構成にします。しかし、ネットで配信する社内ニュース、知財ニュース、法務ニュースのように読み手があまり積極的には読まない文書もあります。

　そのようなときは、起承転結の構成にして「起」で読み手の興味を引き付けます。読み手は興味を持てば、そのあとの文章にも読み進み、結局全部を読むことになるでしょう。

　このように、この構成は情報を効率よく伝えるよりも、文書に対する興味を引きつけることを優先したいときに使います。

　「起承転結」の構成例を、図8.9に示します。図8.9は、日ごろそれほど商標に興味を持っていない社員に、社内ニュースを通して基本的な情報を伝え、関心・興味を持ってもらって、商標に関する施策に協力してもらえるようにするのが目的の文書です。そこで、意表を突くような書き方から始めています。

　知らず知らずのうちに読み進み最も伝えたい最後の「有効なブランド戦略」まで読んでもらえて、何かの折に、「ディズニーやマクドナルド」の話が出てくる記事があったと思い出してもらえれば大成功です。

一方、図8.10は商標について正しい認識を持ってもらうための情報提供が目的の文書で、伝えるべき内容を効率よく伝えることを重視しています。読み手は、ある程度このテーマについて基本的な理解はしているという想定をしています。

このように、考え方で構成が大きく変わることもあるのです。ワンパターンで考えるのではなく、柔軟な対処が求められることがある例として取り上げました。

**図8.9** 起承転結の構成例

---

### ブランド戦略と商標

いくつかのよく知られたブランド名を呼称（読み方）でランダムに示します。ゆっくり見つめつぶやいてみてください。

ディズニー、マクドナルド、アップル、ユニクロ、トヨタ、ソフトバンク、グーグル、ユーチューブ、ニッシンショクヒン

いかがでしょうか。違う性質のブランド名ですが、それぞれの文字から、会社、商品、記号、形状、特定文字、色など、何かしらを思い浮かべることができたのではないでしょうか。それが商標たるゆえんです。 〕起

米国マーケティング協会は、ブランドを「ある売り手あるいは売り手の集団の、商品およびサービスを識別し、競合他社の商品やサービスから差別化するための名称、記号、シンボル、デザイン、あるいはそれらを組み合わせたもの」と定義しています。 〕承

（中間、省略）

登録することで登録商標になり商標権を取得すると、「商標法」が適用されます。この法律は〜（中間、省略） 〕転

企業にとって有効なブランド戦略をとれるかどうかが、競争で有利な立場を築くためのマーケティング戦略に大きく関わってくるのです。 〕結

**図8.10** 図8.9と同じ内容の一般的な構成（概論−各論−まとめ）の例

### ブランド戦略と商標

　近年、「ブランド戦略」という言葉が頻繁に登場します。なぜブランド戦略が注目されるようになってきたのか、経営戦略においてブランドはどのような位置づけを成すものなのかについて整理が必要です。〕概論

　従来、「ブランド」は消費者が市場で商品を区別できるようにするためにつけるマーク自体を指していました。そのような目的で…（省略）〕各論

　有効なブランド戦略を強化することは、企業の競争力を高めるための重要な方策になっています。それが、近年の一種のブランド戦略ブームの背景になっていると考えられます。〕まとめ

## 8.2 文書の種類ごとのフレームワークもある

今まで述べた構成のフレームワークは、すべての種類の文書を対象にした一般的なものです。文書の種類によっては、さらに特化したフレームワークが必要になります。

文書の種類ごとに特化したフレームワークを用意しておくと、適切なフレームワークをすばやく適用させることができます。

● 報告書の構成のフレームワーク

報告書の場合の構成のフレームワークは、次のようになります。

### ①結論が先のフレームワークは最も一般的

報告書の最も一般的な構成のフレームワークが、「結論が先」です。一般に、報告書を受け取った読み手は、一刻も早く結論や結果を知りたいと思っています。この構成は、その要求に応えることができます。理由や背景は、そのあとで記述します。

「結論が先のフレームワーク」を使った報告書の構成例を、図8.11に示します。図8.11は、「2. 販売状況」で報告の結論を示したあと、その背景などを述べています。

**図8.11** 結論が先のフレームワーク活用例

| | 出張報告書 | |
|---|---|---|
| To：営業2課長 | 出張先：中国地方（岡山市、広島市、山口市） | |
| | 提出日：2019年2月1日　出張者：河合智花 | |

新製品「オフィスチェア CKS-IIIシリーズ」および既存製品「オフィスチェア CKS-IIシリーズ」の中国地方における販売状況調査のため出張しましたので、概要を報告します。

1. 出張日程

2019年1月30日（水）～31日（木）

## 2. 販売状況

　中国地方における新製品「オフィスチェア CKS-IIIシリーズ」の販売状況は、販売代理店が積極的に取り組んでおり、顧客の評価も高くおおむね良好である。効果的な販促ツールが用意できればさらなる伸びが見込める。一方、既存製品「オフィスチェア CKS-IIシリーズ」の販売状況は減少傾向にある。　　　　　　　　　　　　　　　　　　　　　　　　結論

## 3. 活動経過

● 1月30日（水）

　岡山市内の特約店A商店と代理店B商事を訪問し、新シリーズの販売条項を聞いた。A商店の販売部長によると、新シリーズの宣伝が次第に浸透してきており、5つの新機能とりわけ優れたロッキング機能の評価が高いとのこと。B商事の店長も、顧客に新機能が評価されて旧シリーズと比べると約4割増の売れ行きとのこと。

　ただし両氏とも、旧シリーズの販売は昨年同期比約25％減となっており、今後さらに落ち込むとの予想であった。

● 1月31日（木）

　午前は、広島市の代理店C商店を訪問。同店は大手の顧客を抱えており、新シリーズの充実したラインナップが顧客に受けているとのことであり、今年度のオフィスチェア全体の販売額は昨年を2割程度上回ると予想している。

　午後は、山口市の特約店D販売を訪問。店長によれば、新シリーズの特長はまだ顧客に浸透しておらず、わずかな販売増にとどまっているとのこと。

## 4. 所感

　新シリーズの特長（5つの新機能）が顧客に浸透した地域では販売が伸びていることから、販売店に特長をよりわかりやすく訴えた販促ツールを提供できれば効果的と思える。

　旧シリーズは割高感が出てきており、それが販売減になって表れているので、特に価格面を考慮した販売戦略の見直しが必要と考える。

以上

② 結論は最後のフレームワークもある

　結論に至る過程や理由を重視したいときは、このフレームワークを使います。結論に至る過程や理由を理解しないと結論がよく理解できないときも、このフレームワークになります。

　報告書の内容が、読み手の意に沿わない結論を示していると判断できる場合もあります。そのようなとき、いきなり結論を示して反発を招くのではなく、どうしてその結論に至ったのかをはっきり説明することで、「それならこの結論でもやむを得ない」と思わせたいときもこのフレームワークは効果的です。

　「結論は最後のフレームワーク」を使った報告書の構成例を、図8.12に示します。図8.12は調査報告書の例で、「6. 調査内容の分析結果」「7. 今後の進め方（所感）」が結論に相当します。この報告書は、「1. 調査目的」～「5. 調査項目」を理解してはじめて6項、7項の調査結果が理解できる内容になっているため、「結論は最後のフレームワーク」を採用しています。

**図8.12**　「結論は最後のフレームワーク」の活用例

---

　　　　　　　　　　　　　　　　　　　　　　　　　MK-19-004
　　　　　　　　　　　　　　　　　　　　　　　　2019年2月20日

販促部長　山本譲司様
（写）営業部長　木幡涼太様

　　　　　　　　　　　　　　　　　　　　　MK部　笹田清美

**新製品およびイメージキャラクターの
市場調査報告書**

　昨年9月に販売した新製品およびイメージキャラクターの市場調査を実施しましたので、下記のとおり報告します。

記

**1. 調査目的**

新製品「大豆スナック　からから」拡販のため、競合製品と比較した認知度の現状を調査し、今後の拡販戦略に活かす。

## 2. 調査方法
市場調査会社「フーズリサーチ社」に調査を依頼した。

## 3. 調査対象
メインターゲットの30代および40代の女性50名に対してグループインタビューを実施した。

## 4. 調査期間
2019年2月1日（金）〜8日（金）

## 5. 調査項目
(1) 当社の新製品「大豆スナック　からから」の認知度
(2) 当社のイメージキャラクター「豆々坊」の認知度

## 6. 調査内容の分析結果
当社の新製品の認知度やイメージキャラクターの認知度は優位に立っている。

| 新製品の認知度 | | イメージキャラクターの認知度 | |
| --- | --- | --- | --- |
| 当社 | 28% | 当社 | 32% |
| A社 | 24% | A社 | 28% |
| B社 | 19% | B社 | 19% |
| C社 | 16% | C社 | 15% |

## 7. 今後の進め方（所感）
イメージキャラクターの露出度をさらに高め、さらなる認知度向上を図る。「カラカラ」の特長は、ターゲット層に受け入れられていると判断できるので、主材料に使っているおからがもつ健康イメージをさらに強化する。

## 8. フーズリサーチ社の調査結果
添付の「調査報告書」を参照。

以上

---

報告書では結論を含む場合が多いので、構成のフレームワークとしてまず①、次いで②が採用できないか確認します。これらのフレームワー

クの採用が難しい場合は、このあと示す③または④を考えます。

### ③概論、各論のフレームワークもある

明確な結論が含まれていない報告書もあります。そのような場合は、最初に全体を要約した概論を示し、次に各論を示すというフレームワークを採用します。

「概論－各論のフレームワーク」を使った報告書の構成例を、図8.13に示します。図8.13は「1. 調査結果の概要」で報告書全体の概論を述べたあと、その詳細を「2. 調査結果の詳細」で示した例です。

**図8.13**　「最初に概論を示すフレームワーク」の活用例

---

**X社の商品開発に関する調査報告書**

　X社がどのようにして成熟した市場でヒット商品を生み続けているかについて調査しましたので、結果をご報告します。

記

**1. 調査結果の概要**

　X社では、社員提案制度を核に開発した新商品を、コンセプトを守りながら進化させ、同時に業績不振商品は販売中止にして、その経営資源を市場創出と商品育成に再配分している。この一連のサイクルが成熟市場でヒット商品を生み出している。具体的な内容は、「新市場の創出」「市場投入後の商品の育成」「業績不振商品の販売中止」の3つに大きく分けることができる。　〕概論

**2. 調査結果の詳細**

　調査結果の詳細は、次のとおりである。
(1) 新市場の創出
　商品アイデアの社員提案制度が新市場を生み出す原動力になっており、吸い上げたアイデアを、消費者・社内の双方の視点で段階的に評価する仕組みが整っている。
・アイデア収集　　　　　　　　　　　　　　　　　〕各論

新商品アイデアは、消費者に頼らず社員提案制度で収集している。提案活動を業務として認め採択案に報奨金を付与するなどの制度を取り入れており、それが奏功して、活発な提案がなされヒット商品に結びついている。
・アイデア評価
　吸い上げた商品化アイデアの評価を、消費者による評価、開発・マーケティング担当者による絞り込み、社内商品化企画委員会と、段階的にきめ細かく行っている。
(2) 市場投入後の商品の育成
　（省略）
(3) 業績不振商品の販売中止
　（以下、省略）

各論

### ④理解しやすい順、伝えたい順のフレームワークもある

　明確な結論を含んでおらず、概論の記述も不要な報告書もあります。そのようなときは、各項目を理解しやすい順あるいは伝えたい順に並べると読みやすい報告書になります。並べ方には、時系列、重要な順、一般的なものから特殊なものへなどの順序があります。
　「理解しやすい順、伝えたい順のフレームワーク」を使った報告書の構成例を、図8.14に示します。図8.14は受講報告書の例ですが、読み手の理解しやすい順に配慮した展開になっています。

**図8.14　「理解しやすい順のフレームワーク」の活用例**

2019年2月1日

原田課長

滝田翔子

### 論理思考セミナー受講報告書

このたび、標記セミナーを受講しましたので、下記のとおり報告します。

記

1. **開催日時** 2019年1月31日（水）10:00〜17:00
2. **開催場所** 新宿イベント会館小ホールC
3. **主催者** 未来教育情報社
4. **講師** 未来教育情報社講師　沢田悠太氏
5. **受講料** 30,000円
6. **内容**

(1) 講演（10:00〜12:00）
　　①論理思考とは
　　・論理思考のフレームワーク
　　・コミュニケーションと論理思考
　　②論理思考の方法
　　・演繹法、帰納法
　　・背理法
　　③論理思考の技術
　　・MECE
　　・ロジックツリーの活用

(2) ビデオ「論理思考の空雨傘」鑑賞（13:00〜14:00）

(3) グループによるケーススタディ(14:00〜16:00)
　　「日常業務のピラミッド構造化」という問題を取り上げた。

(4) グループ発表と講評（16:00〜17:00）
　　課題をまとめて発表し、グループごとに講師の講評を受けた。

7. **感想**

　講演やビデオ鑑賞、グループディスカッションを通して、「論理思考を活用する」ための基礎知識は身につけることができた。グループによるケーススタディの取り組みは、グループによって問題の掘り下げ方が大きく異なるのが興味深かった。

　セミナーによって身に付けた論理思考の手法を、これからは「業務の効率化」「職場の活性化」など身近にある問題に応用していきたい。

8. **添付資料**
　　セミナーテキスト　1通

　　　　　　　　　　　　　　　　　　　　　　　　　　　　　　以上

● **レポートの構成のフレームワーク**

　レポートの構成では、「序論－本論－結論」のフレームワークが多く用いられます。「序論－本論－結論」のフレームワークを使ったレポートの例を、図8.15に示します。

　図8.15は新商品の販売動向に関する調査レポートですが、「1. 調査の主旨」でどんな課題があるのでこのレポートを書くことになったのかを示しています。「2. 調査期間」から「7. 調査結果」までが本論です。「8. 所感」は、結論を含む所感になっています。

**図8.15**　「序論－本論－結論のフレームワーク」を使ったレポートの例

---

### 新商品販売動向調査レポート

　1年前に販売を開始した「ふわふわフーさん」の販売状況について調査しましたので、下記のようにご報告します。

記

**1. 調査の主旨**

　新商品「ふわふわフーさん」がはたしてターゲット層に浸透しているのか、またそれ以外の層への浸透度合いはどうなっているのかに対する明確なデータはなかった。そのため、現在の広告の仕方が妥当なのか、あるいはより効果的な方法が別にあるのかという疑問に対しても有効な方策がないという課題が生じていた。今回の調査は、これらの疑問に応えるために行った。 ｝ 序論

**2. 調査期間**
　2017年11月1日～30日

**3. 調査実施会社**
　XYZリサーチ株式会社

**4. 調査方法**
(1) ネットリサーチ
　当社商品のネットリサーチ用に、専用に作成したアンケート画面で質問を送り調査した。
(2) 店頭調査

｝ 本論

---

Chapter 8　構成のフレームワークを活用する

実店舗の売り場や商品棚を利用して、定量、定性、アイトラッキングによる調査を行った。
　(3) グループインタビュー
　　シーン別の購買行動やニーズをグループインタビューによって探った。
**5. 調査対象者**
「ふわふわフーさん」のターゲット層だけではなく、幅を持たせて調査した。詳細属性は添付資料に示す。
**6. 調査費**
　　250万円
**7. 調査結果**
　　下記の調査結果を得た。詳細調査結果は、添付資料に示す。
　(1) 集計表、集計グラフ、クロス集計表
　(2) 自由回答一覧
　(3) 集計分析書
**8. 所感**
・調査によって、メインターゲット層だけではなく、ターゲット層よりも年齢が高い層にも広く好感がもたれていることが判明したのは意外な収穫であった。
・好感がもたれている新しい層を意識してテレビ広告や店頭プロモーションの販促策を行えば、さらなる拡販が可能と思われる。
・調査結果は示唆に富んでいるので、この調査結果をいかし、さらに「ふわふわフーさん」の認知度を高める方法を企画するプロジェクトの立ち上げを提案したい。

　　　　　　　　　　　　　　　　　　　　　　　　　　　　以上

（右側注記：本論／結論を含む所感）

● **企画書・提案書の構成のフレームワーク**

　企画書、提案書の構成のフレームワークは、「序論－本論－結論」が基本になります。序論では、テーマ、企画・提案の主旨・概要、狙いなど、本論では、企画や提案の内容・特徴、訴求ポイントなど、そして結論では、参入方針、想定価格、売上予測、収支予測などを記述します。

企画書・提案書には、「概論-各論-まとめ」や「起承転結」が使われることもあります。「起承転結」は順序を変えて「結」を最初に示すこともあります。最初に結論を示した提案書の例を、図8.16に示します。

　企画書、提案書の構成は比較的自由であり、どのような構成にしたら訴求力が高まり企画や提案が受け入れられるのかが重視されます。企画書、提案書の場合は、構成のフレームワークを無理に当てはめようとしないで、必要な項目が網羅され自然な展開がなされていればよいと考えることも必要です。

**図8.16　結論を最初に示した提案書の例**

2019年2月10日

経営委員各位

宣伝部長　大田暁美

## 「ヘルシーエイジトップ」の広告宣伝について（ご提案）

標記商品の広告宣伝媒体の変更について、下記のように提案します。

記

**1. 提案の主旨**
「ヘルシーエイジトップ」の現在の広告宣伝活動が健康雑誌主体になっているが、これを改めインターネットの健康食品情報サイト「健康一番ドットコム」トップページのバナー広告に広告予算の約7割をシフトさせ、残りを健康雑誌の広告とする。　｝結論

**2. 提案の背景**
　1年前に新商品として販売を始めた健康サプリメント「ヘルシーエイジトップ」の売り上げが、1月31日現在、目標値に対して達成率40％と大きく下回り、向上のきっかけがつかめない状態が続いている。そこで急きょ、効果が見込める新たな広告宣伝プランを作成した。

## 3. 売り上げ不振の主な要因

　マーケットリサーチ会社「ベストリサーチサービス」の調査によれば、主なターゲットと狙いを定めた30代女性の「ヘルシーエイジトップ」認知度は20％しかなく、店頭でも競合他社商品が多くの売り場面積を占めているとのことであった。

## 4. 広告宣伝媒体の変化

　D社が2018年2月20日に発表した『2017年日本の広告費』によると、昨年1年間に雑誌に投下された広告費は、全インターネットの広告費を大きく下回った。これは明らかに、媒体間の力関係が大きく変化していることを示している。(この項、以下省略)

## 5. 添付資料
(1) 効果予測
(2) インターネット広告の見積書

以上

---

### ● フレームワークの自作

　文書ごとの既成のフレームワークがある場合は、それをそのままあるいは手を加えて利用するのが手っ取り早いのですが、既成のフレームワークが使いにくいときや適当なフレームワークがないときは自作しましょう。たいていの文書は、フレームワーク化が可能です。

　自作するのは難しくはありません。自作は、最初は若干時間がかかるかもしれませんが、自作したフレームワークを何回か使えば、作成した時間は十分に取り返すことができます。

# Chapter 9
# 記載項目はほぼ決まっている

　記載項目は、文書の種類ごとにほぼ決まっています。どのような構成にするかを決めたうえで文書の種類ごとの記載項目がわかれば、文書作成の都度、記載項目を考える必要がないため、すばやく文書を作成できます。

　文書別の記載項目一覧を参照しながら記載項目を決めれば、効率が良いだけではなく、漏れが生じることも少なくなります。

　以下に、代表的な文書の記載項目を取り上げます。ここでは、記載項目は見出しを示していますが、実際の文書ではそれぞれに本文が加わります。また、短い文書では、記載項目の見出しは省略され1つまたは複数の段落で示される本文だけになります。

## 9.1 文書の種類ごとの記載項目

　よく使われている代表的な文書として、報告書、企画書・提案書、議事録を取り上げ、それぞれの記載項目一覧を示します。

### ● 報告書の記載項目一覧

　報告書の種類によって、記載項目はある程度決まっています。実際に報告書を作成するときは、以下に示す記載項目一覧を参考に必要な記載項目を抽出していけば、記載項目を短時間で決めることができます。

　以下に、報告書の種類によって分類した記載項目一覧を示します。

**調査報告書**
テーマ
調査時期・期間
調査対象、調査先
調査主旨・目的
調査方法、情報源
調査項目
調査担当（部署名、調査会社名）
調査結果（製品動向、調査先の状況・意見、会社への影響、内容の分析、問題点解決のヒントなど）
判断結果、判断理由
概要
結論
背景
総合評価（プラス要素、マイナス要素、メリット／デメリットなど）
調査結果からの提案
反省点
総括、考察、所感
調査経費
添付資料（集計結果、アンケート結果、調査の詳細など）

**活動報告書**
テーマ
活動時期
場所
目的
活動の背景
参加者
経過

結論
概要
活動項目・内容
活動の結果・過程
実績・成果
背景
反省点
問題点
今後の課題・展望
今後の活動予定
活動経費
所感
添付資料

**出張報告書**
出張先、面談者
日時、出張期間
出張者、同行者
目的
概要
経過
処理事項
活動内容
提案事項
合意事項
懸案事項
課題
交渉経過
結果

背景
成果
特記事項
所感
経費
備考
添付資料

## 研修報告書

テーマ
実施日時
主催者
場所、会場
概要
講師
受講料
対象者
参加企業
参加人数
研修の目的
研修プログラム・内容
研修後の課題
業務への活用
感想
添付書類

## クレーム・事故・障害報告書

件名
発生日時、期間、対応日時

発生場所
当事者氏名
対象製品
クレーム・事故・障害の概要
クレーム・事故・障害の内容・状況・対応・経過
クレーム・事故・障害の対応者
相手方の連絡先、先方の反応
クレーム・事故・障害の原因（調査中の場合は、その旨記載）
処置、対策
復旧の見込み
損害・損傷・クレーム・障害の状況
現場の対応
解説の図
影響
緊急度
事故対策（暫定、恒久）
今後の対策、再発防止策（後日報告の場合は、その旨記述）
問題点、反省点
所見
添付資料

## 技術報告書

背景
経緯
概要
目的
実験方法
試験方法
試験期間

- 試験条件
- 試験装置
- 試験施設
- 試験物質
- 試験温度
- 試験操作
- 使用装置
- 使用した測定機器
- 使用したソフトウェア
- 試験結果
- 検証結果
- 解析結果
- 分析結果
- 結論
- 考察
- 参考文献
- 添付資料

　報告書のフレームワークと報告書の種類別の記載項目がわかれば、報告書を迅速に作成することができます。

　セミナーを受講してセミナーの研修報告書を書く場合を例にとると、次のようになります。

　まず、報告書のフレームワークを参照して構成を、たとえば「理解しやすい順、伝えたい順」のように決めます。次に、研修報告書の記載項目一覧から、記載項目として、開催日時、開催場所、主催者、講師、受講料、内容、業務への活用、感想、添付資料のように、必要と思われる項目を選択します。次いで、これらの項目の順序を決めます。このような手順によって、報告書を書き出すまでの時間は大幅に短縮できます。

● 企画書・提案書の記載項目一覧

以下に、企画書・提案書の記載項目一覧を示します。

**企画書・提案書**
テーマ
企画・提案の主旨、概要
参入の目的・理由・効果、背景
商品の内容・特徴
狙い、目的、目標
前提条件
基本構想
市場、市場規模
ターゲット、購入者層
参入方針
販売ルート、販売予測、販売戦略
セールスプロモーション
現状分析
関連商品、競合相手
企画・事業コンセプト、事業ビジョン
訴求ポイント、差別化ポイント
発売時期、スケジュール
システム構成
市場の変化
予算、コスト（人・物・金）
想定価格
売上予測、収支予測
現在の競合商品とシェア、シェア予想
クリアすべき課題
リスクとその対策

実施者（担当者）、実施場所
商品イメージ
添付資料

● 議事録の記載項目一覧
　以下に、議事録の記載項目一覧を示します。

**議事録**
〔必須記載項目〕
**会議名**
**議題**（会議で討議する課題）
**日時・場所**
**出席者**
**議事録作成者名**
**議事内容**（会議にかけて討議した内容で、経過説明、発表事項、決定事項、合意事項、未決事項、保留事項、検討事項、意見、提案事項、次回検討事項など）
**決定事項**（合意事項）
**未決事項**（保留事項、継続審議事項）

〔必要に応じて記載する項目〕
**出席者に関連する項目**
　司会者または議長、会議の招集者、欠席者、途中出席者・退席者、遅刻者
**内容に関する項目**
　経過報告、発表事項、発議、検討事項、提案事項、主な意見・発言者、会議の目的、決定の理由、否決の理由
**発言に関する項目**

重要事項の発言者、質疑応答、賛成・反対意見
　**会議後に関わる項目**
　　　今後のアクションプランとその担当者・日程、今後に残された課題とその理由
　**会議の過程に関する項目**
　　　討議の経過・問題点
　**その他**
　　　懸案事項、特記事項、次回の開催予定、次回までの検討事項・用意すべき事項、持越事項・理由、配付資料、配付資料の説明者、議事録の内容確認者、議事録の承認者、議事録配付の宛先、備考

● 会議通知状の記載項目一覧
　以下に、会議通知状の記載項目一覧を示します。

**会議通知状**
〔必須記載項目〕
宛先、発信者名、発信日、標題
会議名
会議開催日時（年月日、開始時刻、終了時刻）
会議開催場所

〔必要に応じて記載する項目〕
会議の目的
会議開催の背景説明
会議の目標（何を決めたいか、どこまで決めたいか）
参加者の持参資料
会議までの準備事項
議長名

記録係
　参加者名
　当日の会議の進め方
　事前配付資料があれば添付
　文書番号

　記載項目一覧は便利であることは確かですが、100％これに依存するのは避けるべきでしょう。記載項目一覧にはない、別の記載項目が必要になることもあります。記載項目一覧を参考にしながら、新たな記載項目が見つかれば追加するという姿勢が必要です。

● 記載項目一覧の自作

　記載項目一覧がないときは自作しましょう。最初は少し時間がかかっても、その後の効率的な作業を考えれば十分に元はとれます。

## 9.2 記載項目がわからない場合の対処方法

　記載項目一覧が存在する文書はそれを利用し、ないときは自作するのがよいと述べました。

　記載項目の抽出方法には、2通りあります。それは、トップダウンとボトムアップです。

　トップダウンとは、ある程度記載項目が決まっていたり、記載項目一覧（9.1項参照）から記載項目を抽出する方法です。

　ボトムアップは、トップダウンによる方法が使えないときのアプローチの仕方です。記載項目になりそうなものを、集めた情報や頭に思い浮かんだ事柄を基にして考えていく方法です。

● ボトムアップによる記載項目の抽出

　請求書の誤記に関する社内向けの事故報告書の例を取り上げて、ボトムアップによる記載項目の見つけ方を示します。

(1) 文書のテーマ、目的、読み手を考えながら、作成する文書に関して思い浮かんだことを図9.1のように単語や短文でどんどん書き出していく。

**図9.1** メモによる書き出し

```
A社の担当者（川辺祥、篠原祥）に謝罪した（山田と笹田）
             請求書発行時に、値引きのことを忘れていた
A社からミスの指摘
             見積額と請求額（1月）が異なっていた
   見積額は1,980,000円、請求額は2,200,000円
単純なミスだった
             このようなケースは今回が初めて
   A社の反応「今後は気を付けるように」
   口頭での注意                    工事料は初回は10%引き
      請求書と見積書の照合作業なかった      再発防止
手順書見直し必要              担当者の不注意
      見積書での値引きは要注意    今後、一層の注意が必要
経理部にも迷惑かけてしまった      請求書再発行
```

　書き出すメモには、キーワードのような重要語句が含まれていなくてもかまいません。この段階では、思いついたことを漏れがないようにしながら、ひたすら書き出すことに専念します。質より量です。結果的に不要になるメモが出てくるかもしれませんが、気にしないで書き出します。参考になりそうな資料が手元にあるときは、資料から単語などを抽出します。

　メモ書きすることで、一歩前に進んだことになります。メモすることで、頭の中が整理できます。目に見えるようにすることで、新たな発想につながります。漏れにも気づきやすくなります。

　以上のメモ書きを、PC上で行ってもかまいません。

(2) メモをグループ化する。

　書き出したメモを眺めて、似たような語句、同じくくりにできそうな語句を図9.2のように枠で囲んでグループ化していきます。PC上でメ

モ書きするときは、グループ間の行間を空けるなどして、グループの認識ができるようにします。

**図9.2　グループ化**

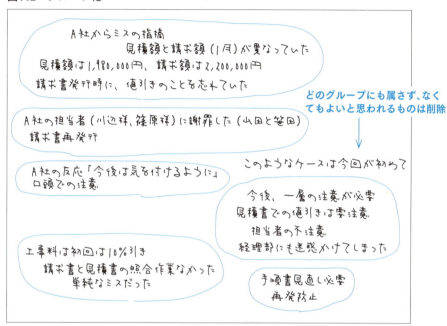

(3) グループにラベルをつける。

　グループ分けができたら、どんなグループなのかをはっきりさせるために、図9.3のように各グループにラベル（グループの名前）を付けていきます。ラベルは見出しの元になります。PC上で作業を行うときは、グループに含まれるメモ書きをグループ名に対して字下げして示すなどの方法をとります。

**図9.3** ラベル付け

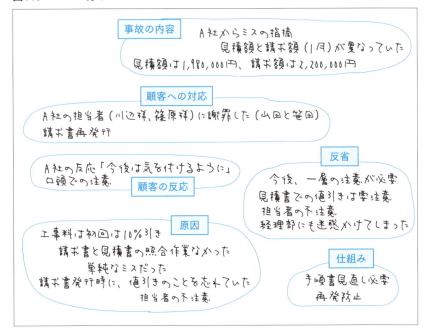

(4) グループの統合・包含などの整理を行う。

　グループ化を進めることで、複数のグループに共通性があることがわかり、さらに大きなくくりができることもあります。また、あるグループが別のグループの中に包含されることに気づくこともあります。一度作ったグループを分割することもあります。この作業で、図9.3は図9.4のような形になります。

　ここまでPCを使わないで作業をしてきた場合も、そろそろ作業をPCに移していきます。

**図9.4** グループの統合・包含

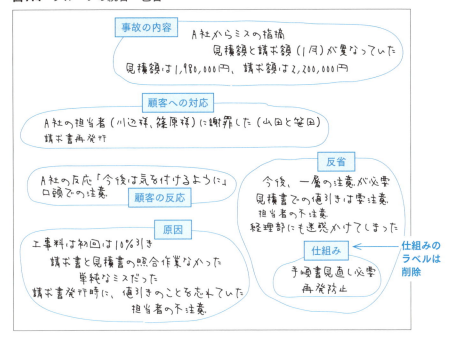

(5) ラベルを見出しに変える。

　グループ分けが終わったら、ラベルに少し手を加えながら見出しに変え、全体の目次を作ります。

　目次を構成する見出しには、できるだけキーワードを含めるようにします。見出しは、2階層や3階層にすることもあります。見出しの階層を下げる場合は、字下げしてそのことが視覚的にも認識できるようにします。

　報告書の構成のフレームワークを参照しながら見出しの順序を考えます。そうすることで、図9.5のように最終的な目次として完成させます。採用した構成のフレームワークは、「概論−各論」です。

**図9.5** 見出しの作成

(6) 文書として完成させる。

　本文を記述して、図9.6のように文書として完成させます。

図9.6 完成した報告書

2019年2月13日

経理部長

サービス部長　笹原健司

## 請求書の誤記について（ご報告）

標記の事故について、下記のとおりご報告します。

記

### 1. 事故の内容
　愛知ITソリューションズ株式会社様から、2019年1月分の請求書の金額が見積書で確認していた金額と異なるとのご指摘を受けました。請求書の金額は、「2,200,000円」でしたが、正しくは「1,980,000円」でした。

### 2. 金額相違の原因
2.1 見積書の問題
　新規に契約した顧客に対しては、初回の工事料は10％引きとしており、見積書には値引き後の金額を記載しました。
　請求書を発行するとき、見積書が請求書どおりの金額かどうかの照合作業はしていなかったのが事故の原因です。

2.2 担当者の問題
　担当者は、請求書発行時に値引きのことを忘れていました。
　請求業務の手順書にも記載がなく、担当者の不注意も重なって今回の問題が発生しました。

### 3. 顧客への対応
　愛知ITソリューションズ様には、担当の山田を同行して本日謝罪し再発行した請求書をお渡ししました。
　請求金額は、再発行した請求書の金額に基づいて支払われます。

### 4. 顧客の反応
　間違いをご指摘いただいた設備課の横山加奈様からは、設備課長の吉田壮太様にも報告がなされていました。

同社への謝罪は吉田様と横山様の両人に行い、吉田様からは「今後気をつけるように」との注意を口頭で受けました。
 5. **事故の反省**
　　このようなことを再び起こすことがないよう、今後はなおいっそうの注意を払いながら請求業務を行ってまいります。請求業務の手順書にも、初回工事料はよく確認するよう明確に記載して再発防止に努めます。
　　今回の件に対して、先方が特に大きく問題視することがなかったのは幸いなことでした。経理部にご迷惑をおかけしたことを、深くお詫びします。

以上

● 流用する

　社外の人が書いた文書を流用するのは問題がありますが、作成時間短縮のために社内の人が書いた文書を下書きとして利用するのであれば問題はないでしょう。むしろ、積極的に行うべきです。大半を流用するなどで気が引けるときは、一言断ってからでもよいでしょう。

　上司や前任者などが作った資料を流用できないか、既存の文書が利用できないか、データベースにある文書を流用できないかなど、さまざまな視点で流用できる文書がないかどうか考えます。

　報告書や企画書、提案書、業務連絡などでは記載項目がある程度決まっている場合が多いので、これらの文書をゼロから作るのは時間の無駄になりかねません。発行されることが多い種類の文書は、誰かが作ったものが残っているのが普通です。あるいは、過去に本人が作ったものがあるかもしれません。それらを活用できれば、文書作成の時間は大幅に短縮できます。

　文書の中には、毎年同時期に発行する業務連絡があります。そのような業務連絡文書を書く場合は、前年度の文書を使って一部を修正するという方法で効率化を図ります。データベースから出力したものに、簡単な解説を加えるだけでよい場合もあります。

## Chapter 10

# 文書には
# フォーマットがある

　すべての文書は、整った形にまとめる必要があります。それがフォーマットです。既存のものを利用したり定められたものを使用したりして、フォーマットに時間をかけることは避けましょう。

## 10.1 定着したフォーマットを使う

　ビジネス文書には社内文書と社外文書があり、それぞれ定着したフォーマットがあります。定着したフォーマットにはどんなものがあるのかを理解しておいて、すばやく必要なフォーマットを使えるように準備しておく必要があります。

### ● 社内文書と社外文書のフォーマット

　付録に、ビジネス文書の代表的な7種類のフォーマットを示します。フォーマット1と2が社内文書用、フォーマット3〜7が社外文書用です。ビジネス文書を作成するときは、まず社内文書か社外文書なのかを確認し、次にこの中のどれを適用すればよいのかを決めます。

　そうすることで、的確なフォーマットの文書を効率よく作成できるようになります。

　議事録にも、フォーマットと呼べるものがあります。そのフォーマットを使えば、記載項目は何にすべきかをその都度考える必要はなくなります。付録に、2種類の議事録のフォーマットを示します。

● テンプレートを用意する

　報告書やレポート、企画書、提案書、論文などのフォーマット化は、一般に部署や会社単位で行います。いったん決めたフォーマットを部署や会社単位で使用するためには、テンプレート化することが欠かせません。テンプレートとは、文書の種類ごとに、余白、フォント、本文のフォントサイズ、見出しの階層ごとのフォントサイズなどを決めたものです。

　Microsoft Word（以下、Word）でテンプレートを作った場合は、保存時に「Wordテンプレート（*.dotx）」を指定して拡張子を「.dotx」にします。

　このようにして作ったテンプレートは、関係者が共有して使えるように管理します。テンプレートは、画面上に呼び出すとその時点で拡張子は「.docx」に変わり、元のテンプレートは残るので、何度でも繰り返して使うことができます。このようにすることで、文書のフォーマットをその都度考えなくても済むようになり、文書作成のスピードが速まります。仕事の精度も高まります。また、共通のテンプレートを使うことで統一が図られ、文書の流用もしやすくなります。

　たとえば議事録であれば、「議事」「報告事項」「決定事項」「未決事項」「課題」という欄があるテンプレートを用意しておけば、あとは空欄を埋めるだけで誰が議事録を作っても記載項目に過不足のないものを作ることができます。

　ほとんどの種類の文書は、テンプレート化によって効率化できます。必要に応じて、テンプレートを新規に作ったり修正したり自己流にアレンジしたりすることもできます。

## 10.2 スタイルガイド化でバラツキやモレを防ぐ

　文書の作り方のガイドラインをスタイルガイドと呼びます。スタイルガイドの対象となる要素には、用字・用語、送り仮名、見出し、見出しの階層、本文、箇条書き、レイアウト、図表のキャプションなど多くの項目があります。スタイルガイドがあれば、一定のフォーマットに従った文書を効率よく作ることができます。

### ● 一定の品質が確保できる

　スタイルガイドを利用すれば、文書を作成する都度、細かいことを考えて時間を無駄にすることもなくなります。個性的なレイアウトや過剰品質を防止できるという効果もあります。また、スタイルガイドはいろいろな検討が加えられて作成されるため、一定の品質が確保できるという効果もあります。

　スタイルガイドは幅広い項目を網羅しながら詳細に作る場合もありますが、必要な要素に絞った内容にして使いやすくする場合もあります。

　スタイルガイドによって自己流の表現が減って、表現の統一ができるようになれば、流用や共有もしやすくなります。

### ● スタイルガイドで取り上げられる項目

　有用な使いやすいスタイルガイドを用意すれば、書き手の生産性が向上するだけでなく、読み手にとっても理解のしやすさ、読む時間の短縮などの面で効果があります。

　以下に、スタイルガイドで取り上げられることが多い項目の例を示します。

**スタイルガイド**

〔文書作成の基本〕

**執筆の基本**
　企画・構成、記載項目、アウトラインの作成、執筆、推敲など

**文書の基本構成**
　概論、各論、まとめなど

**見出しの階層**
　見出しの階層構造、階層の深さなど

〔文書の要素〕

**主な要素**
　標題、見出し、リード文、本文、箇条書き、図表のキャプション、用語解説、注記、ページ番号、柱、文書番号、ヘッダー、フッター、図など

**要素の配置（レイアウト）**

**図表の利用**

〔段落〕

**段落構成の基本**

**段落の展開パターンなど**

〔文章表現〕

**簡潔な表現**
　曖昧さのない表現、翻訳しやすい表現など

**箇条書き**
　箇条書きの用途、箇条書きのポイント、箇条書きの記述順序、箇条書きの表現パターンなど

**表現の統一**
　語句の統一、順序の統一、見出しの統一など

〔基本文型〕
文体の統一
敬語
時制の統一、句点の位置の統一

〔文の表現〕
正確に伝わる文
　必要な主語、修飾語の位置、全体否定と部分否定、避けるべき文のパターン、指示語など
わかりやすい文
　否定的な表現と肯定文、主語と述語、能動態、受動態、読点の打ち方、二重否定の扱い、長い修飾部、長い複文の扱い、可能表現など
簡潔な文
　文の長さ、動詞の連用形の扱い、一文一義、サ変動詞の扱い、可能表現、接続詞・接続語、接続助詞など
明快な文
　括弧の使い分け、文のつなぎ方、数字の表現、重ね言葉、憶測の表現、文語調の言い回し、合成名詞、冗長な表現など
正しい文
　並列の表現、「場合」と「とき」の使い分け、主語と述語の対応、語句による強調など
助詞
　「の」の多用、「に」と「へ」の区別、「より」と「から」の区別など
範囲、起点の明確な文
　「以〜」の使い方、「ら」「はじめ」「他」の使い方、「未満」「〜を超え」の使い方など
接続詞

〔用字・用語〕

**漢字とひらがなの使い分け**
　漢字の使い方、ひらがなの使い方、形式名詞、補助動詞、補助形容詞、常用漢字表の使い方、品詞や意味による漢字とひらがなの使い分け、副詞の使用制限など

**カタカナの表記**
　カタカナ用語の表記、複合語の表記、長音符号の扱いなど

**専門用語、略語、数字、その他の表記**
　専門用語、略語、算用数字と漢数字の使い分け、当て字や俗字、送り仮名、単位の表記など

**記号の表記**
　記述の記号・符号の表記、数字、アルファベットの表示など

# Chapter 11

# PCの機能を活用する

 文書作成の生産性を上げるには、PCの機能を活用することが欠かせません。執筆のスピードアップや過去の文書を検索するときに役立つポイントを解説します。

## 11.1 Wordの便利機能を使う

 Wordには、文書作成の生産性の向上に役立ついくつかの機能があります。逆に、生産性を妨げるような機能もあります。ここではWordの便利な機能と、使い方に注意が必要な機能を紹介します。

● アウトライン機能

 Wordには、「アウトライン」という機能があります。

 アウトライン機能では、最初にこれから書こうとする文書の見出しを思いつくままに書き出します。見出しは1階層（同一階層）の場合もありますが、2階層または3階層になることもあります。複数の階層になった場合、各階層のレベル（大きさ）はほぼ同じにするというのが基本です。レベルが不ぞろいになっていると感じたときは、見出しの上下関係すなわち階層の変更を行います。

 これらの作業は、アウトライン機能を使えば簡単な操作で行うことができます。見出しの順序を入れ替えたいと思ったときも、簡単な操作で行うことができます。

 アウトライン機能は、一種の目次を作成する機能です。操作性が良い

ので、この機能を利用すれば、複雑な目次でも簡単に作ることができます。

　Wordでアウトライン機能を表示させたあと、直感的な操作ができるので、試してみることをお勧めします。

● 送り仮名を本則に設定

「書く」の「く」や「明らか」の「らか」を送り仮名といいます。この送り仮名には「本則」「許容」「例外」の3通りがあります。「本則」は送り仮名の付け方の基本であり、「許容」は、本則とは異なるものの慣用として認められている送り仮名の付け方です。そして「例外」は本則とは合わないものの慣用として認められている送り仮名を指します。

　この中で紛らわしいのが「本則」と「許容」です。送り仮名は本則を使うのが基本です。たとえば、「表わす（許容）」ではなく「表す（本則）」、「浮ぶ（許容）」ではなく「浮かぶ（本則）」、「申込む（許容）」ではなく「申し込む（本則）」とします。

　Wordのかな漢字変換では許容も本則もどちらも表示されるので、その都度判別しなければならず時間の無駄になります。

　日本語入力ソフトMS-IMEでは、簡単な操作で本則にしか変換できなくなる設定ができます。その設定をすることをお勧めします。変換を繰り返さないで済むので、効率がよくなります。

● 校正機能

　校正機能とは、用字・用語の乱れや誤字・脱字などをWordが指摘するというものです。この機能を使うと、当て字、「が」の多用、二重否定、「の」の連続、曖昧な表現、重ね言葉、表記の揺らぎなど、実にさまざまなチェックができるようになります。

　これらを人間の目で行うとしたら大変で漏れも生じます。コンピューターがチェックできるものはコンピューターにまかせるべきです。

　Wordの「文章校正の詳細設定」で、校正の対象にするものとしない

ものを指定することができます。

● **スタイル設定**

　Wordには、スタイル設定機能があります。スタイル設定とは、文書を構成する文字要素の書式を一瞬で設定できる機能です。

　Wordでは、何もしなければ自動的に「標準」というスタイルが設定されます。この「標準」のスタイル設定は避けて、文書を形作っているあらゆる文字要素に別の独自のスタイル設定を行えば、文書作成の生産性が向上します。

　一般に、段落は1文字の字下げをして表示します。見出しは、階層ごとに書体や大きさを変えます。これを段落や見出しごとに1つ1つ設定していては効率が悪くなります。そこで、本文、見出し、箇条書き、表内の文字、図表のキャプションなど、文書を構成するすべての要素についてスタイル設定を行います。そうすることで、1クリックで各文字要素に対して思いどおりの書式を設定できます。

　【例文11.1】は、すべての文字要素に「標準」というスタイルが設定されています。

　【例文11.2】は「検索しやすい管理」に既存のスタイル「見出し3」を設定しています。このように、Wordにはいくつかの既存のスタイルが用意されているので、使えるものがあれば利用します。

　「PCの処理能力は飛躍的に向上し、〜」には、新たなスタイル「段落スタイル」を設定して、行頭の1文字の字下げを自動で行っています。

　「表11.1 ファイル名の付け方」には、新たに作ったスタイル「キャプション」を設定することで、「書体の変更」「太字」「中央揃え」「文字サイズの変更」を同時に1クリックで行っています。

【例文11.1】
検索しやすい管理
PCの処理能力は飛躍的に向上し、自由なキーワードで検索できるよう

になりました。そのため、〜
フォルダーの階層を深めないようにして、〜
表11.1 ファイル名の付け方

【例文11.2】

### 検索しやすい管理

　PCの処理能力は飛躍的に向上し、自由なキーワードで検索できるようになりました。そのため、〜
　フォルダーの階層を深めないようにして、〜
表11.1 ファイル名の付け方

　作成したスタイルは、文書の種類別に設定してテンプレートの中に含めておけば、その都度考える必要もなくなります。

● 単語登録

　単語登録も、文書作成の生産性を向上させるうえでは欠かせません。たとえば、「いつ」で「いつもお世話になっております。」、「よろ」で「よろしくお願いいたします。」と入力されるように単語登録をしておくことで、入力時間の短縮を図ることができます。
　このような単語登録を、少なくとも100程度は行います。登録しておくと便利な単語には、会社名、部署名、住所、地名、国名、商品名、曜日、専門用語、社内用語、氏名、括弧系などがあります。ただし、多すぎると覚えられなくなるので、よく使うものに限定したほうが使いやすくなります。

● おせっかい機能はOFFに

　Wordには、おせっかい機能と呼ばれることもあるオートコレクト機

能があります。中には有効なものもありますが、「the」と入力すると勝手に「The」となったり、「1st」と入力すると勝手に「1$^{st}$」になったり、半角のアスタリスクを連続して入力すると点線に変わったりする機能が含まれています。元に戻さなければならないことが多く手間がかかります。

　オートコレクトの有効と思える機能は残して、他はOFFにすることをお勧めします。

## 11.2 検索しやすい管理をする

　ビジネスパーソンは、日々の業務の中で資料やファイルを探すのに膨大な時間を費やしているという現実があります。この時間を短縮するためには、管理しやすいフォルダーの作り方と検索しやすいファイル名の付け方が必要です。

### ● フォルダーの作り方

　PCの処理能力は飛躍的に向上し、自由なキーワードで検索できるようになりました。そのため、カテゴリーの分類やフォルダーを何階層にも分けて保管する必要もなくなっています。フォルダーの分類はシンプルにして、ファイル名をルール化したほうが管理しやすくなり検索性も高まります。

　フォルダーの階層を深めないようにして、フォルダーをたどる時間が長くならないような管理をします。フォルダーの種類や階層が多すぎると、探すとき手間がかかり新しいファイルを格納したいときもどのフォルダーに入れるか迷うことがあるためです。

　フォルダーは、タスクごとに分けるという考え方もあります。限られたタスク中心に仕事をすることが多い場合や、あるタスクに含まれるファイルの種類や数が多いときに有効です。

### ● ファイル名の付け方

　ファイル名は検索しやすいものにして、必要なファイルは検索して探すようにします。ファイル名の付け方は、部署やグループで統一しデータを共有しやすくします。

　ファイル名には、日付のような検索しやすい言葉を含めます。日付は文書を作成した日ではなく、文書の提出日やイベントの開催日とします。文書に日付が記入されているときは、その日付にします。

　ファイル名の具体的な付け方は、次のようにすると管理しやすくなり

ます。ファイル名の例を【例文11.3】に示します。

日付＋文書の種類(報告書、企画書、提案書、議事録、連絡文書など)
＋用途（部内用、全社用、プロジェクトＡ用など）

【例文11.3】
20190115_報告書_第10回品質保証部会
20181204_議事録_第4回BCP推進会議

　社外文書が多い場合は、社内文書と社外文書に分けたほうが管理しやすくなります。社外文書のファイル名は、次のようにすると検索しやすくなります。ファイル名の例を【例文11.4】に示します。

日付＋相手名（会社名、個人名など）＋文書の種類

【例文11.4】
20190205_XYZ社_企画提案資料
20180907_ABCメディア社_ネット広告打ち合わせ資料

● **ファイルの検索**
　必要な文書ファイルをすばやく探したいときは、エクスプローラーの強力な検索機能の活用が欠かせません。フォルダーをあちこち開いて回ったりしていては、時間がいくらあっても足りません。
　ファイルを検索するときは、日付や文書の種類、用途など、ファイル名の一部を入力して行います。たくさんのファイルが見つかったときは、スペースで区切って検索語句を追加することで候補を絞り込みます。
　日付で検索することもできます。日付も月までしか覚えていないときは「201809」のように入力して検索します。もっと曖昧なときは「2018」

で検索して、秋ごろだったと思えば「201809」や「201810」「201811」あたりを探します。

　これらのファイル名の命名ルールを部署や会社単位で統一することで、共有フォルダーにおける検索も効率よく行うことができるようになります。

　検索は、文書中に含まれる語句でも行うことができます。ファイル名がわからなくても、文書内で使われている語句を推測して検索することで、必要なファイルを探し出すことができます。

● **作業中のファイル**

　今作成中とか途中まで作ったけれども完成はまだ先という場合は、とりあえずデスクトップに置いておくとか、「未分類」や「その他」フォルダーを作っておいてそこに入れておくとかしたほうが管理しやすくなります。仕事が一段落したら、本来のフォルダーに移動します。

　ネットからダウンロードしたファイルや人から受け取ったファイルのように、整理前のものも「未分類」に入れておいて、使い方が確定してからフォルダーに格納したほうがよいでしょう。

● **ウェブ検索をより高速で行う**

　AND検索、マイナス検索、フレーズ検索の3つの検索方法を使い分けることで、ウェブ検索をより高速で行うことができるようになります。

　AND検索とは一度に複数のキーワードを入力して検索する方法であり、マイナス検索とは検索結果から除外したいキーワードを指定する方法です。そしてフレーズ検索とは、入力した文字列と完全に一致するフレーズを含むページを表示させる検索方法です。

● **ファイルの中身の確認**

　必要なファイルを探す場合に、ファイル名だけ見ても中身がわからないことがあります。そのようなとき、ファイルを1つずつ開いて中身を

確認するのでは非効率です。

　ファイルを開くことなく、中身を確認する方法があります。プレビューウィンドウ機能です。この機能を使うと、ファイルの最初のページの全体が表示されます。そうすれば内容はある程度思い出せるので、すばやく確認するのに役立ちます。

## 文書作成のポイントのまとめ

　ここまで解説してきた「わかりやすく書く」「読み手のアクションを促す」「速く書く」ためのポイントをまとめると、以下のようになります。これは文書の作成手順でもあります。

(1) 文書のテーマ、目的、読み手を明確にする。
(2) 文書の構成のフレームワークを活用して、構成を決める。
　　構成は、文書の種類・内容によって適切なものを採用します。
(3) 記載項目一覧を活用して、記載項目を決める。
(4) 記載項目を見出しの表現に変え、見出しの順序を決める。
　　見出しは、必要に応じて2階層や3階層にします。
(5) 見出しを基に、本文を記述するために必要な情報（素材・材料）を収集する。
　　作業開始前に、イメージした文書を完成させるために必要な情報をピンポイントで集めます。情報収集は、見出しを決めてからにすると効率よく行うことができます。これが、大量の情報に簡単にアクセスできる今の時代には必要な考え方です。見出しから外れた情報は不要であり、時間をかけて集める必要はありません。
　　情報収集の段階で、予定した見出し以外の貴重な情報が見つかったときは、見出しを追加することもあります。
(6) 各見出しに含まれる語句や文を、集めた情報を基に、あるいは自由な発想で思いつくままに数多く書き出す。
　　文章化する段階で、不要な語句や文は除外すればよいので、ここでは自由な発想で書き出します。集めた1つの材料が特定の見出しにまるごと当てはまるときは、その旨を記しておきます。
(7) 一気に文章を書き進める。

最初から順に書き進める必要はありません。書きやすいところから書き始める、という方法でかまいません。
(8) 推敲する。
　書き上げた文章は必ず読み返して、不備や漏れ、わかりにくい文章などがないかチェックします。いわゆる推敲を行います。推敲は、次の3つの視点で行います。慣れてくると、この3つに対して同時に推敲することができます。それが難しいときは、最初に構成、次に文章と語句に分けて行います。
　1．自然な感じで読み進むことができるか（構成）
　2．各見出しに続く内容がわかりやすいか（文章）
　3．誤字・脱字、変換ミスがないか（語句）

　以上の文書作成の手順は、文書作成の時間を大きく左右します。特に構成は大事であり、構成に不備があると個々の見出しや文に問題がなくても、わかりやすい文書にはなりません。

付録

## 付録

### ビジネス文書のフォーマット1

社内文書の連絡書、通知書、報告書、回答書、企画書、提案書などに使用します。

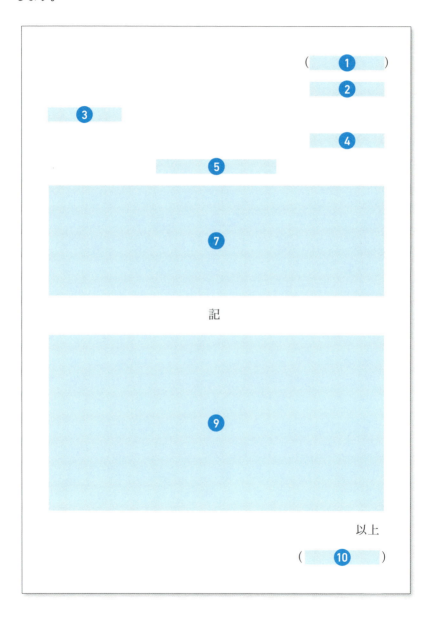

①**文書番号**：省略することもある。
②**発信日付**：文書を発行した日付を記す。
③**宛名**
④**発信者名**
⑤**標題**
⑦**主文**：何のために発行した文書なのかや読み手にとってほしい行動などを記述する。
⑨**別記**：「記」に続いて、小見出しを設けた文章や箇条書きで簡潔に要件を記述し「以上」で締める。
⑩**担当者名**：氏名と連絡方法を記述する。担当者名は別記の中に含めてもよいし省略することもある。

# 付録

**ビジネス文書のフォーマット 2**

社内文書の企画書、提案書、報告書、会議報告書、始末書などに使用します。

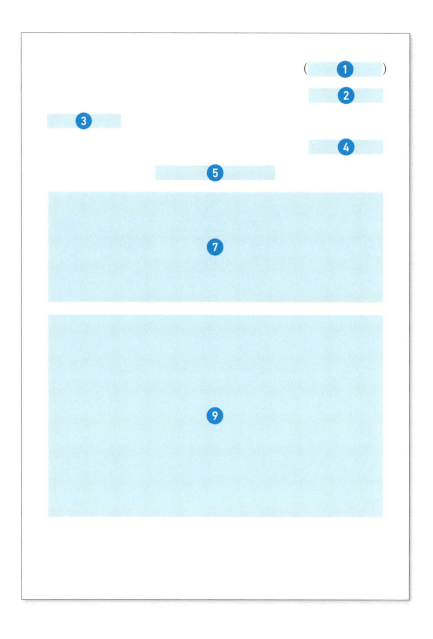

①**文書番号**：省略することもある。
②**発信日付**：文書を発行した日付を記す。
③**宛名**
④**発信者名**
⑤**標題**
⑦**主文**：何のために発行した文書なのかや読み手にとってほしい行動などを記述する。
⑨**別記（本文）**：フォーマット2では「記」を省略し、小見出しを設けた文章や箇条書きで簡潔に要件を記述する。「記」を省略しているので「以上」も省略する。

付録

**ビジネス文書のフォーマット3**

社外文書の通知書、依頼書、照会状、回答書、督促状、注文書、勧誘状などに使用します。

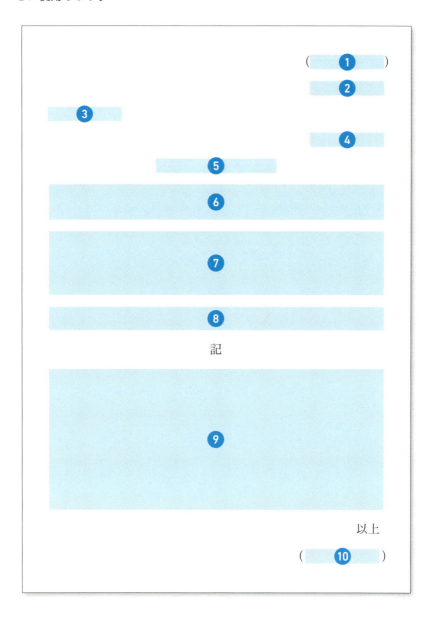

1. **文書番号**：省略することもある。
2. **発信日付**：文書を発行した日付を記す。
3. **宛名**
4. **発信者名**
5. **標題**
6. **前文**：頭語、挨拶を記述する。
7. **主文**：用件などの本文を記述する。
8. **末文**：結びの挨拶、結語を記述する。
9. **別記**：「記」に続いて、小見出しを設けた文章や箇条書きで簡潔に要件を記述し「以上」で締める。
10. **担当者名**：氏名と連絡方法を記述する。担当者名は別記の中に含めてもよいし省略することもある。

# 付録

## ビジネス文書のフォーマット4

社外文書の挨拶状、礼状、通知状、PR関係などに使用します。

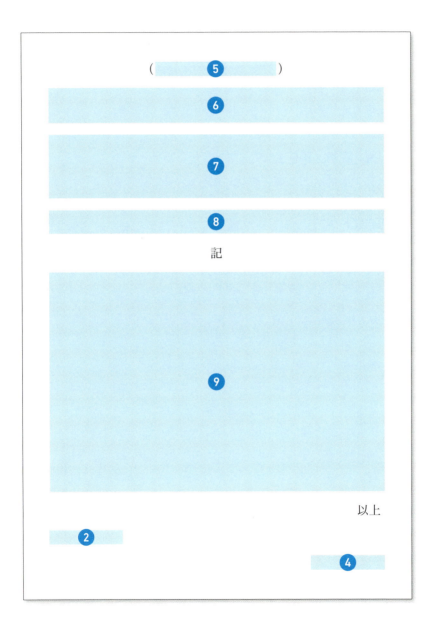

❷ **発信日付**
❹ **発信者名**
❺ **標題**：省略することもある。
❻ **前文**：頭語、挨拶を記述する。
❼ **主文**：用件などの本文を記述する。
❽ **末文**：結びの挨拶、結語を記述する。
❾ **別記**：「記」に続いて、小見出しを設けた文章や箇条書きで簡潔に要件を記述し「以上」で締める。省略することもある。

# 付録

**ビジネス文書のフォーマット5**

社外文書の依頼書、詫び状、抗議状、反論状、通知状、照会状、督促状などに使用します。

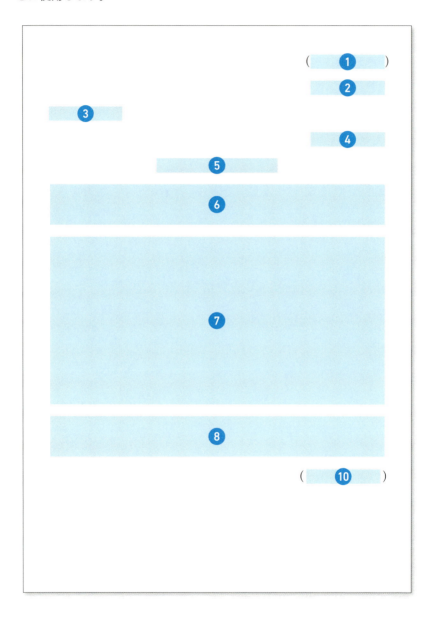

① **文書番号**：省略することもある。
② **発信日付**：文書を発行した日付を記す。
③ **宛名**
④ **発信者名**
⑤ **標題**
⑥ **前文**：頭語、挨拶を記述する。
⑦ **主文**：用件などの本文を記述する。
⑧ **末文**：結びの挨拶、結語を記述する。
⑩ **担当者名**：省略することもある。

# 付録

**ビジネス文書のフォーマット6**

社外文書の挨拶状、招待状などに使用します。

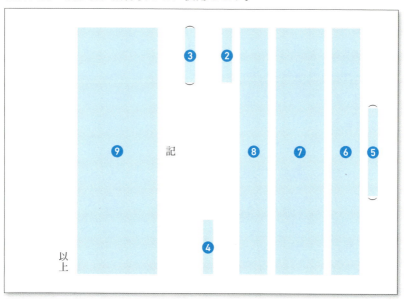

**ビジネス文書のフォーマット7**

社外文書の礼状、お祝い状、見舞状、弔慰状などに使用します。

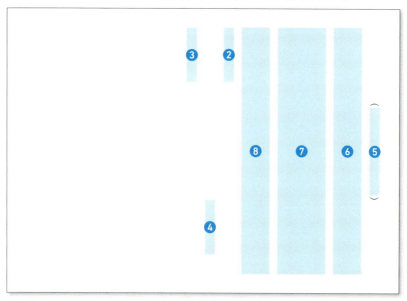

❷ 発信日付
❸ 宛名：省略することもある。
❹ 発信者名
❺ 標題：省略することもある。
❻ 前文：頭語、挨拶を記述する。
❼ 主文：用件などの本文を記述する。
❽ 末文：結びの挨拶、結語を記述する。
❾ 別記：「記」に続いて、小見出しを設けた文章や箇条書きで簡潔に要件を記述し「以上」で締める。

---

❷ 発信日付
❸ 宛名
❹ 発信者名
❺ 標題：省略することもある。
❻ 前文：頭語、挨拶を記述する。
❼ 主文：用件などの本文を記述する。
❽ 末文：結びの挨拶、結語を記述する。

# 付録

### 議事録のフォーマット1

複数の議題がある場合の議事録で、「担当」「期限」を明示した例を示します。

---

## 会議報告書

| | | | | |
|---|---|---|---|---|
| 会 議 名 | ① | | | |
| 日　　時 | ② | 場　所 | ③ | |
| 出 席 者<br>（敬称略） | ④ | 欠席者 | ⑤ | |
| 司　　会 | ⑥ | | | |
| 議事録作成日 | ⑦ | 作 成 者 ⑧ | 承 認 者 | ⑨ |
| 議　　題 | 議題1：AAA<br>議題2：BBB ⑩<br>議題3：CCC | | | |
| 会議の目的 | ⑪ | | | |
| 配付資料 | ⑫ | | | |

| 議事内容 ⑬ | 担当 | 期限 |
|---|---|---|
| 議題1：AAA<br>● 決定事項（合意事項）<br>● 報告事項<br>● 討議内容<br>● 未決事項（保留事項、継続審議事項）<br>● 課題<br>● その他 | ⑭ | ⑮ |
| 議題2：BBB<br>● 決定事項（合意事項）<br>● 報告事項<br>● 討議内容<br>● 未決事項（保留事項、継続審議事項）<br>● 課題<br>● その他 | | |
| 議題3：CCC<br>● 決定事項（合意事項）<br>● 報告事項<br>● 討議内容<br>● 未決事項（保留事項、継続審議事項）<br>● 課題<br>● その他 | | |

| | | | |
|---|---|---|---|
| 特記事項 | ⑯ | | |
| 議事録配布先 | ⑰ | CC配布先 | ⑱ |
| 次回日時 | ⑲ | 次回場所 | ⑳ |

① **会議名**：具体的な会議名を書く。
② **日時**：年月日を記入する。時間は24時間制で記述する。
③ **場所**
④ **出席者**：社内会議の場合は、「敬称略」と記入したうえで、「鈴木」「山田」のような書き方をしてもよい。その場合でも、「中村課長」のように役職名を付けることもある。
⑤ **欠席者**：本来出席すべき人が欠席したとき名前を記述する。省略してもよい。
⑥ **司会**：省略してもよい。
⑦ **議事録作成日**
⑧ **議事録作成者**
⑨ **承認者**：いない場合もある。
⑩ **議題**：複数の議題を「議題1」「議題2」のように記入する。
⑪ **会議の目的**：省略してもよい。
⑫ **配付資料**：配付資料がある場合に記述する。
⑬ **議事内容**：複数の議事ごとに「決定事項」「報告事項」「討議内容」「未決事項」「課題」「その他」のように、小見出しを設けながら簡潔に記述する。
⑭ 「決定事項」や「未決事項」の担当を記述する。
⑮ ⑭の期限を記述する。
⑯ **特記事項**：議事内容に含まれない事項で、議事録に含めるべきものがあれば記述する。
⑰ **議事録配布先**：一般には「出席者全員」と記述する。
⑱ **CC配布先**：会議の出席者以外に配付する場合に、配付先（部署と氏名）を記述する。
⑲ **次回日時**：次回の会議開催日時が決まっている場合は記述する。
⑳ **次回場所**：次回の会議開催場所が決まっている場合は記述する。

## 付録

### 議事録のフォーマット2

議題が1つしかない場合の議事録の例を示します。

「担当」「期限」の欄は省略しています。担当と期限は、たとえば決定事項を記述した文の最後に、「○○○○○○（鈴木、2月中）」のような書き方をします（敬称略の場合の書き方）。

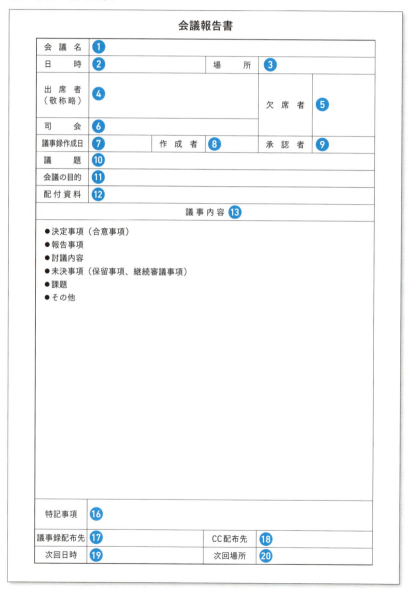

❶ **会議名**：具体的な会議名を書く。
❷ **日時**：年月日を記入する。時間は24時間制で記述する。
❸ **場所**
❹ **出席者**：社内会議の場合は、「敬称略」と記入したうえで、「鈴木」「山田」のような書き方をしてもよい。その場合でも、「中村課長」のように役職名を付けることもある。
❺ **欠席者**：本来出席すべき人が欠席したとき名前を記述する。省略してもよい。
❻ **司会**：省略してもよい。
❼ **議事録作成日**
❽ **議事録作成者**
❾ **承認者**：いない場合もある。
❿ **議題**：議題を記入する。
⓫ **会議の目的**：省略してもよい。
⓬ **配付資料**：配付資料がある場合に記述する。
⓭ **議事内容**：複数の議事ごとに「決定事項」「報告事項」「討議内容」「未決事項」「課題」「その他」のように、小見出しを設けながら簡潔に記述する。
⓰ **特記事項**：議事内容に含まれない事項で、議事録に含めるべきものがあれば記述する。
⓱ **議事録配布先**：一般には「出席者全員」と記述する。
⓲ **CC配布先**：会議の出席者以外に配付する場合に、配付先（部署と氏名）を記述する。
⓳ **次回日時**：次回の会議開催日時が決まっている場合は記述する。
⓴ **次回場所**：次回の会議開催場所が決まっている場合は記述する。

### 著者紹介

**永山嘉昭**（ながやま・よしあき）

ビジネスコミュニケーションスキル研究所代表。1975年横河電機入社。取扱説明書や技術文書の制作・標準化・電子化など、28年間、一貫してドキュメント関連業務に携わる。2003年に独立。ビジネスにおけるテクニカルコミュニケーション、ビジュアルコミュニケーションの研究・教育を実践している。『説得できる文章・表現200の鉄則 第4版』（共著）、『説得できる図解表現200の鉄則 第2版』（共著）、『説得できるビジネスプレゼン200の鉄則』（共著）（以上日経BP社）、『報告書・レポート・議事録が面白いほど書ける本』（KADOKAWA）、『できる！ ビジネス文書のつくり方が身につく本』（高橋書店）など、多数の著書がある。
URL：http://business.my.coocan.jp/index.html

## きちんとした文書とメール
## 完全速習ガイド

2019年1月28日　第1版第1刷発行

| | |
|---|---|
| 著　者 | 永山嘉昭 |
| 発行者 | 村上広樹 |
| 発　行 | 日経BP社 |
| 発　売 | 日経BPマーケティング |
| | 〒105-8308　東京都港区虎ノ門4-3-12 |
| | https://www.nikkeibp.co.jp/books/ |
| 装　丁 | 山之口正和（tobufune） |
| 制作・図版作成 | 秋本さやか（アーティザンカンパニー） |
| 編　集 | 長崎隆司 |
| 印刷・製本 | 中央精版印刷 |

本書の無断複写・複製（コピー等）は、著作権法上の例外を除き、禁じられています。
購入者以外の第三者による電子データ化及び電子書籍化は、私的使用を含め一切認められておりません。
本書籍に関するお問い合わせ、ご連絡は下記にて承ります。
https://nkbp.jp/booksQA

©2019 Yoshiaki Nagayama
Printed in Japan
ISBN978-4-8222-8951-5